Bibliografische Information der Deutschen Nationalbibliothek:

Die Deutsche Nationalbibliothek verzeichnet diese Publikation in der Deutschen Nationalbibliografie; detaillierte bibliografische Daten sind im Internet über http://dnb.d-nb.de abrufbar.

Impressum:

Copyright © 2013 ScienceFactory

Ein Imprint der GRIN Verlags GmbH

Druck und Bindung: Books on Demand GmbH, Norderstedt, Germany

Coverbild: pixabay.com

Jean-Paul Sartre

Philosophie des Existenzialismus

Sara Stöcklin (2005): "Zur Freiheit verurteilt" - Eine Untersuchung von Sartres Freiheitsbegriff 7

    Einleitung 8

    Quellen 10

    Der Ursprung der Freiheit 11

    Was ist Freiheit? 23

    Zur Freiheit verurteilt? 30

    Schluss 34

    Bibliographie 36

Martin Feyen (2003): Sartre und das Nichts 37

    Einleitung 38

    Sartre und das Nichts 41

    Kommentar 59

    Schluss 63

    Literaturverzeichnis: 66

Agnes Uken (2001): Die existentialistische Begründung der Freiheit in Jean-Paul Sartres Werk "Das Sein und das Nichts". Existentialismus und Freiheit 67

    Einleitung 68

    Formen des Seins 71

    Sein und Handeln 85

    Schluss 100

    Literaturverzeichnis 102

Kevin Liggieri (2009): Zur Freiheit verdammt - Sartres Konzeption der Freiheit und der Vergleich zur modernen Hirnforschung 103

    Einleitung: Ist Sartre ein toter Autor? 104

„Ich bin dazu verurteilt, frei zu sein." - Sartres Philosophie der Freiheit 106

Sartre und die moderne Hirnforschung: Ist Freiheit Illusion? 116

Ich würde nicht schreiben aus Freude am Schreiben 121

Literaturverzeichnis 125

Nina Strehle (2002): Der Blick und das Schamgefühl in Jean-Paul Sartres Werk "Das Sein und das Nichts" 127

Einleitung 128

Der Andere 130

Der Blick 134

Das Schamgefühl 139

Objektivierung des Andern 143

Literatur 145

Einzelpublikationen 146

Sara Stöcklin (2005): "Zur Freiheit verurteilt" - Eine Untersuchung von Sartres Freiheitsbegriff

Einleitung

Der Mensch ist dazu verurteilt, frei zu sein. Verurteilt, weil er sich nicht selbst erschaffen hat, und dennoch frei, weil er, einmal in die Welt geworfen, für all das verantwortlich ist, was er tut. (EH 155)

In diesem berühmten Zitat aus dem Essay „Der Existentialismus ist ein Humanismus" fasst Jean-Paul Sartre den Kerngedanken seiner Philosophie zusammen: Der Mensch ist Freiheit. Ohne Halt, ohne vorgegebene Werte und ohne Entschuldigungen muss er vor sich selbst verantworten, was er ist und tut. Allen deterministischen Strömungen der Philosophie und Naturwissenschaften zum Trotz verwirft und widerlegt Sartre den Gedanken, dass der Mensch von seiner Umwelt, seiner Gesellschaft, seinem Charakter oder seinem natürlichen Wesen zu dem gemacht wird, was er ist. Die Fülle an Schriften, die er uns hinterlassen hat, ist seit ihrer Entstehung eine wahre Goldgrube für Philosophierende, die sich mit der Beschaffenheit der menschlichen Existenz auseinandersetzen.

Obwohl der Existentialismus Sartres, erstmals ausführlich dargelegt in seinem frühen philosophischen Hauptwerk „Das Sein und das Nichts", in erster Linie die Strukturen des Seins behandelt, ist der Begriff der Freiheit das tragende Element eben dieser Strukturen und schimmert bei all seinen Auseinandersetzungen durch. In der folgenden Arbeit möchte ich den Freiheitsbegriff Sartres untersuchen und kritisch beleuchten. In einem ersten Teil werde ich der Frage nachgehen, wie Sartre die Freiheit des Menschen in ihrem Ursprung begründet, und mich dabei insbesondere mit seiner Widerlegung des Determinismus beschäftigen. Daraufhin werde ich seine Definition von Freiheit unter Berücksichtigung der drei Aspekte „Wesenslosigkeit", „Erfahrung" und „Nichtung" untersuchen und mich anschliessend mit der Frage auseinandersetzen, warum der Mensch gemäss Sartre zur Freiheit „verurteilt" ist. Dabei werde ich insbesondere die Begriffe der

Angst, Verlassenheit und Verantwortlichkeit beleuchten und untersuchen, welche Rolle sie in seiner Argumentation spielen.

Quellen

Als Hauptquellen für meine Untersuchung werden mir der Essay „Der Existentialismus ist ein Humanismus" (EH) und der vierte Teil von Sartres frühem philosophischem Hauptwerk „Das Sein und das Nichts" (SN) dienen.

„Der Existentialismus ist ein Humanismus" [L'existentialisme est un humanisme] ist die leicht veränderte Fassung eines Vortrags, den Sartre 1945 hielt. Der Text erregte grosses Aufsehen und trug wesentlich zur Verbreitung seines Denkens bei. Da er die Anliegen des Existentialismus jedoch stark vereinfacht, bereute Sartre später seine Drucklegung.[1]

„Das Sein und das Nichts" [L'être et le néant] trägt den Untertitel „Versuch einer phänomenologischen Ontologie" und liefert eine umfassende Untersuchung von den verschiedenen Seinsstrukturen, von der Beziehung des Menschen zu anderen, aber in erster Linie zu sich selbst. Das umfangreiche Werk, erstmals 1943 erschienen, besteht aus vier Teilen, von denen sich insbesondere der Letzte mit der Freiheit des menschlichen Handelns und der menschlichen Verantwortlichkeit auseinandersetzt.

---

[1] Vgl. Suhr, Martin: *Jean-Paul Sartre zur Einführung*, Hamburg: Junius 2001, S. 61

Der Ursprung der Freiheit

Warum ist der Mensch frei? Sartre führt ein „inneres" Argument für die Freiheit ins Feld, um anschliessend äussere Argumente daraus abzuleiten. Das „innere" Argument möchte ich die „Bedingung zur Möglichkeit" der Freiheit nennen; es handelt sich dabei um die Nicht-Existenz Gottes. Sartre kann diese zwar nicht beweisen, setzt sie aber als Fundament und Axiom seines Freiheitsgedankens voraus. Das erste äussere, konkrete Argument kann mit Sartres eigenen Worten „Die Existenz geht der Essenz voraus" (EH 149) betitelt werden und versucht, auf kohärente Weise die Konsequenz aus der Nicht-Existenz Gottes zu ziehen. Das zweite Argument besteht in der Widerlegung des Determinismus.

Die Nicht-Existenz Gottes

> Und wenn wir von Verlassenheit sprechen [...], wollen wir nur sagen, dass Gott nicht existiert und dass man daraus bis zum Ende die Konsequenzen ziehen muss. (EH 154)

Für Sartre und seine Philosophie ist die Nicht-Existenz Gottes eine absolute Notwendigkeit. Insbesondere sein Freiheitsbegriff ist darauf aufgebaut und davon abhängig, doch da die Freiheit das tragende Element seines ganzen Gedankengebäudes ist, würde dieses unter einem Gottesbeweis vollständig zusammenbrechen. So wie Kant die Existenz Gottes notwendig postuliert, muss Sartre die Nicht-Existenz Gottes notwendig postulieren. Obwohl Sartre den Begriff „Gott" hier nicht spezifiziert, geht aus dem Zusammenhang klar hervor, dass eine Instanz ausserhalb unserer selbst gemeint ist, die uns geschaffen und ein Wesen gegeben hat, die Werte festsetzt und vor der wir uns verantworten müssen. Sartre ist sich der Konsequenzen, die eine „Abschaffung" Gottes mit sich bringt, durchaus bewusst:

> Der Existentialist denkt [...]: es ist sehr unangenehm, dass Gott nicht existiert, denn mit ihm verschwindet jede Möglichkeit, Werte in einem intelligiblen Himmel zu finden; es kann kein a priori Gutes mehr geben, da es kein unendliches und vollkommenes Bewusstsein gibt, es zu denken. (EH 154)
>
> Dostojewski schrieb: „Wenn Gott nicht existiert, ist alles erlaubt." Das ist der Ausgangspunkt des Existentialismus. (EH 154f)
>
> Wenn zum andern Gott nicht existiert, haben wir keine Werte oder Anweisungen vor uns, die unser Verhalten rechtfertigen könnten [...]. (EH 155)

Sartre argumentiert im Namen der „Wahrheit". Er hält es für einfach und angenehm, an Gott zu glauben und aus diesem Glauben Werte, Richtlinien und Grenzen zu beziehen. Er hält es auch für schwierig und beängstigend[2], anstelle von Gott die Rolle des Gesetzgebers zu übernehmen und Werte zu wählen. Dennoch glaubt er schlicht und einfach, dass Gott nicht existiert, und will sein Leben folglich in Ehrlichkeit und Aufrichtigkeit nach der für ihn bestehenden Wahrheit, und nicht nach einem Wunschbild, ausrichten. Auf den Vorwurf, selbstgerecht über Gut und Böse zu entscheiden, antwortet er:

> Es ist mir sehr unangenehm, dass es so ist; aber da ich Gottvater beseitigt habe, braucht es ja wohl jemanden, die Werte zu erfinden. (EH 174)

Sartre möchte „den Menschen daran erinnern, dass es keinen anderen Gesetzgeber als ihn selbst gibt und dass er in der Verlassenheit über sich selbst entscheidet" (EH176). Diese Erkenntnis, die sich durch die existentiellen Gefühle der Angst und Verzweiflung jedem Menschen aufdrängt[3], mag schmerzhaft sein, entspricht aber der Wahrheit. Sie zu verdrängen bedeutet, der menschlichen Realität auszuweichen und ein Leben in Unaufrichtigkeit zu führen.

---

[2] Vgl. Kapitel 5.1.

[3] Vgl. Kapitel 5.1.

Die Erkenntnis der Nicht-Existenz Gottes muss jedoch nicht nur Verzweiflung beinhalten. Angesichts der „Schlechtigkeit" der Welt ist der Mensch vor eine neue Situation gestellt:

> Denn in diesem Falle müsste man erfinden, verbessern, und der Mensch wäre wieder Herr seines Schicksals mit einer beängstigenden, unaufhörlichen Verantwortung. (BJ 127)

Die Bedingung zur Möglichkeit der Freiheit ist mit der Nicht-Existenz Gottes gegeben: Der Mensch ist nicht fremdbestimmt durch eine Instanz ausserhalb seiner selbst. Die wesentliche Konsequenz aus diesem Gedanken und damit weitergehende Begründung für die menschliche Freiheit zieht Sartre in der Aussage „Die Existenz geht der Essenz voraus" (EH 149).

Die Existenz geht der Essenz voraus

Was ist darunter zu verstehen, dass die Existenz der Essenz oder dem Wesen vorausgeht? Sartre selbst bedient sich eines Beispiels, um seine Aussage zu verdeutlichen. Man stelle sich einen Handwerker vor, der einen Brieföffner herstellt. Er hat ein klares Bild vor Augen, wie dieser Brieföffner aussehen und was für einen Nutzen er haben soll. Mit dieser festen Vorstellung macht er sich an die Arbeit und bedient sich bestehender „Herstellungsverfahren" (EH 148), um sicherzugehen, dass der Brieföffner dem von ihm vorherbestimmten Zweck dienlich sein wird. Aus diesem Beispiel geht klar ersichtlich hervor, dass bei Gegenständen dieser Art das Wesen der Existenz vorausgeht. Zuerst ist die „Idee", d. h. die Gesamtheit aller Eigenschaften und Herstellungsverfahren, die den Begriff „Brieföffner" definieren und als reine Vorstellung im leeren Raum steht. Dann erst greift der Handwerker zu seinem Werkzeug und bringt den Gegenstand zur Existenz. Das Wesen des Brieföffners erhält nun seinen materiellen „Körper", seine Objekthaftigkeit.

Wenn es nun einen Schöpfer-Gott gibt, lässt sich dieser als eben so ein Handwerker denken. Er hat eine Vorstellung des Menschen, seiner Eigenschaften und Zwecke, und er kennt das Verfahren, ihn herzustellen. Das Wesen des Menschen ist schon in Gottes souveränem Plan enthalten, ehe er ihn in die Existenz ruft. Das Streben des Menschen gilt in diesem Falle der Suche nach seinem eigenen ursprünglichen Wesen, nach der Vorstellung, die Gott vor Anbeginn der Zeit von ihm hatte, und dessen Verwirklichung sein Ziel und seine Erfüllung darstellt. Auf dieses Wesen kann er sich berufen, sich daran festhalten, sich aber auch damit entschuldigen. Denn es ist ihm gegeben und war schon festgelegt, ehe er überhaupt materiell existierte.

Sartre wirft Philosophen des 18. Jahrhunderts wie Diderot und Voltaire vor, sich zwar von Gott abgewandt, die Idee von einer Wesenheit des Menschen aber dennoch nicht beseitigt zu haben. Er geht einen Schritt weiter:

> Der atheistische Existentialismus, den ich vertrete, ist kohärenter. Er erklärt: wenn Gott nicht existiert, so gibt es zumindest ein Wesen, bei dem die Existenz der Essenz vorausgeht, ein Wesen, das existiert, bevor es durch irgendeinen Begriff definiert werden kann, und dieses Wesen ist der Mensch [...]. (EH 149)

> Was bedeutet hier, dass die Existenz der Essenz vorausgeht? Es bedeutet, dass der Mensch erst existiert, auf sich trifft, in die Welt eintritt, und sich erst dann definiert. (EH 149)

Da der Mensch nicht von einer Instanz ausserhalb seiner selbst definiert wird, muss er erst existieren, bevor er sich selbst gegenüberstehen und sein eigenes Wesen bestimmen kann. Gemäss Sartre gibt es „keine menschliche Natur, da es keinen Gott gibt, sie zu ersinnen" (EH 149). Definiert der Mensch aber sein eigenes Wesen, so definiert er auch seinen Charakter, seinen Wert und seinen Sinn. Er erschafft sich, in dem er sich von sich selbst loslöst und sich selbst transzendent gegenübertritt – dann erst kann er den „Entwurf" von sich selbst gestalten, den der Handwerker schon vor der Existenz seines Produktes wählt. Der Mensch ist sein eigener Gott, er ist Transzendenz (vgl. EH 175). Diese Stellung, die der Mensch sich selbst gegenüber hat, birgt eine ungeheure

Verantwortung, ist aber die Grundlage der Freiheit. Der Mensch ist frei, weil die Existenz der Essenz vorausgeht, und die Existenz geht der Essenz voraus, weil es keinen Gott gibt. Dies ist der Grundgedanke von „Das Sein und das Nichts", und im Zusammenhang mit diesem Gedanken führt Sartre die in seiner Philosophie zentralen Begriffe „Für-sich-sein" und „An-sich-sein" ein. Das „Für-sich-sein" ist das transzendente, durch das Bewusstsein bestimmte Sein, das von sich selbst Abstand nimmt und sich definiert. Das „An-sich-sein" ist das vom Bewusstsein unabhängige, objekthafte Sein der Dinge. Wenn der Mensch seine eigene Freiheit nicht anerkennen will, wenn er sich weigert, die Verantwortung für sein Sein und Handeln zu übernehmen, so reduziert er sich auf das „An-sich-sein" und macht sich selbst zu einem blossen Objekt.[4] Diese Haltung ist jedoch nichts weiter als ein Versuch der Selbsttäuschung. In Wahrheit, so Sartre, kann der Mensch der Realität nicht ausweichen, dass er sowohl „Für-sich" als auch „An-sich" ist, sowohl Subjekt als auch Objekt, und somit absolut frei über sich selbst entscheiden und verfügen kann.

Was bedeutet es konkret für den Menschen, dass er kein festgesetztes Wesen hat, sondern frei über dieses entscheiden muss? In erster Linie bedeutet es, dass seine Existenz zufällig ist und keinen von Aussen konstituierten Sinn in sich trägt:

> [...] das Leben hat *a priori* keinen Sinn. Bevor Sie leben, ist das Leben nichts, es ist an Ihnen, ihm einen Sinn zu geben, und der Wert ist nichts anderes als dieser Sinn, den Sie wählen. (EH 174)

Weiter bedeutet es, dass er auf keine schon existierenden Werte und Gesetze zurückgreifen kann, wenn er moralische Urteile fällen will:

---

[4] Vgl. Suhr, S. 122

> [...] weil wir den Menschen daran erinnern, dass es keinen anderen Gesetzgeber als ihn selbst gibt und dass er in der Verlassenheit über sich selbst entscheidet. (EH 176)

Da auch kein Charakter a priori besteht, kann sich der Mensch nur über sein eigenes Handeln definieren:

> [...] der Mensch ist nichts anderes als das, wozu er sich macht. (EH 150)

> Wirklichkeit ist nur im Handeln [...]: der Mensch ist nichts anderes als sein Entwurf, er existiert nur in dem Masse, in dem er sich verwirklicht, er ist also nichts anderes als die Gesamtheit seiner Handlungen, nichts anderes als sein Leben. (EH 161)

Der Mensch muss seinen eigenen „Entwurf" wählen. Er ist sein eigener Handwerker, mit dem Unterschied, dass er als Objekt schon existiert und nun nur noch darüber entscheiden muss, was für einen Sinn er sich selbst verleiht. Der Sinn darf sich jedoch nicht auf etwas ausserhalb des Menschen selbst beziehen – denn mit Sartres Argumentation gibt es in diesem „Ausserhalb" nichts, an dem sich der Mensch festhalten könnte. Tatsächlich kann nur das eigene Tun und Handeln seiner Existenz Sinn verleihen. Zum Helden wird niemand von Aussen gemacht:

> Der Existentialist jedoch sagt, dass der Feigling sich zum Feigling macht, der Held sich zum Helden macht; es gibt immer eine Möglichkeit für den Feigling, nicht mehr feige zu sein, und für den Helden, aufzuhören, ein Held zu sein. (EH 164)

Der Mensch ist eben gerade deshalb frei, weil er nicht von Aussen zu dem gemacht wird, was er ist. Er muss seine Identität völlig aus sich selbst beziehen. Dabei kann er sich dieser Freiheit nicht entziehen – er kann die Verantwortung für sich selbst und sein Tun weder verweigern noch abschieben.

In der Aussage, dass der Mensch die Fähigkeit hat, von sich selbst Abstand zu nehmen und sich zu definieren, und es gleichzeitig keine äussere Instanz gibt, die ihm diese Aufgabe vor oder während seiner Existenz abnehmen könnte, liegt Sartres grundlegender Beweis für die Freiheit. Er muss jedoch noch einen Schritt weiter gehen. Denn auch wenn es keinen Gott gibt, der das Wesen des Menschen festlegt, und dieser Selbstreflexion üben kann, ist noch nicht die

Freiheit im Handeln selbst bewiesen. Der Determinismus, gegen den Sartre antritt, behauptet, dass der Mensch nichts weiter als ein Glied der grossen Kette von Ursache und Wirkung ist und sein jegliches Handeln durch innere und äussere Einflüsse bestimmt wird. Der Widerlegung dieser Theorie, welche in direktem Gegensatz zu Sartres Philosophie steht, widmet dieser denn auch grosse Aufmerksamkeit und Sorgfalt.

Widerlegung des Determinismus

> Die einen, die aus einem Geist der Ernsthaftigkeit heraus oder mit deterministischen Entschuldigungen ihre totale Freiheit nicht wahrhaben wollen, werde ich Feiglinge nennen […]. (EH 172)

> […] anders gesagt, es gibt keinen Determinismus […]. (EH 155)

Diesen vorwiegend polemischen Aussagen in „Der Existentialismus ist ein Humanismus" geht eine grundlegende Untersuchung des menschlichen Handelns in „Das Sein und das Nichts" voraus. In seiner Argumentation setzt Sartre noch vor der menschlichen Handlung selbst an; er setzt sich vorerst mit der Voraussetzung des Handelns, mit der Situation des Handelnden auseinander. Aus der phänomenologischen Beobachtung dieser Situation zieht er zwei Schlüsse:

> 1. kein faktischer Zustand, wie er auch sei (politische, wirtschaftliche Struktur der Gesellschaft, psychologischer „Zustand" usw.), kann von sich aus irgendeine Handlung motivieren. (SN 757)

> 2. kein faktischer Zustand kann das Bewusstsein dazu bestimmen, ihn als Negativität oder Mangel zu erfassen. (SN 757)

Beide Aussagen lassen sich anhand eines Beispiels verdeutlichen. Stellen wir uns die Situation einer Analphabetin in einer entlegenen Region Indiens vor. Da sie weder lesen noch schreiben kann, ist ihr die Möglichkeit verwehrt, Händlerin zu werden. Der Handel ist in dieser Region jedoch die einzige Möglichkeit, Geld zu verdienen. Folglich lebt sie in absoluter Abhängigkeit von ihrer Familie, welche ihr aufgrund ihrer sozialen Stellung nicht das Recht auf eine genügende gesundheitliche Versorgung zugesteht. Gemäss Sartres erster Aussage kann diese Situation *von sich aus* keine Handlung seitens der Frau motivieren. Im Gegenteil: Wenn in jener Region alle Frauen Analphabetinnen sind und in völliger Abhängigkeit leben, wird ihr unter Umständen nie auch nur die Idee kommen, an ihrem Zustand etwas zu ändern. Die Motivation zur Handlung erfordert drei Schritte seitens der Frau: Sie muss erkennen, dass es eine Alternative zu ihrer jetzigen Situation gibt, sie muss sich selbst in die Zukunft entwerfen und sie muss einsehen, dass ihre jetzige Situation nicht dem Zweck dient, den sie sich mit ihrem Lebensentwurf selbst gesetzt hat. Sartres erste Aussage bezieht sich auf die Gesamtheit dieser drei Schritte, seine zweite Aussage auf den dritten Schritt.

Wie kann die Frau erkennen, dass es eine Alternative zu ihrer Situation gibt? Für Sartre ist hier die oben beschriebene Erkenntnis grundlegend, dass der Mensch von sich selbst Abstand nehmen kann. Er kann sich selbst und seine Situation „nichten", d. h., er kann sich selbst übersteigen und aus sich selbst die Vorstellung dessen hervorbringen, das *nicht* ist. Er kann sich vom „Leim des Seins"[5] lösen und über den faktischen Zustand hinaus denken. Erst die Fähigkeit, zwischen dem, was ist, und dem, was nicht ist, zu unterscheiden, ermöglicht eine Handlung.

Die Handlung bedingt jedoch auch den zweiten Schritt. Der Mensch handelt nur im Sinne der Zwecke, die er sich selbst gesetzt hat. Diese Zwecke hat er sich gemäss seinem Lebensentwurf gesetzt. Was beinhaltet dieser Entwurf? Meistens, aber nicht notwendigerweise, enthält er die folgenden Grundelemente: „Ich will leben. Ich will nicht leiden. Ich will glücklich sein." Im Falle der Analphabetin

---

[5] Suhr, S. 106

erfordert die Motivation für eine Handlung allenfalls weitere Elemente: „Ich will gesund sein. Ich will unabhängig sein. Ich will meine Fähigkeiten entfalten können." Der Entwurf ist die „erste", innerste Entscheidung des Menschen über sich selbst. Er entfaltet und verändert sich mit dem Bewusstseinsstrom des Menschen und ist diesem stets unterworfen. Kein Element, auch nicht der Wunsch nach Leben, ist notwendigerweise im Entwurf enthalten:

> [...] denn die schlimmsten Übel oder die schlimmsten Gefahren, die meine Person zu treffen drohen, haben nur durch meinen Entwurf einen Sinn [...]. Es ist also unsinnig, sich beklagen zu wollen, weil ja nichts Fremdes darüber entschieden hat, was wir fühlen, was wir leben oder was wir sind. (SN 950)

Um die Handlung im Falle der Analphabetin letztendlich hervorzurufen, bedarf es jedoch noch eines dritten Schrittes. Der dritte Schritt ist die Verknüpfung der beiden ersten Schritte. Erst wenn sie ihre gegenwärtige Situation mit ihrem eigentlichen Lebensentwurf vergleicht, wird sie feststellen, dass sie nicht glücklich ist, und ihren Zustand ändern wollen. Zusammenfassend mit Sartres Worten:

> Denn hier [...] muss man zugeben, dass nicht die Härte einer Situation und die von ihr auferlegten Leiden Motive dafür sind, dass man sich einen anderen Zustand der Dinge denkt, bei dem es aller Welt besser ginge; im Gegenteil, von dem Tag an, da man sich einen anderen Zustand denken kann, fällt ein neues Licht auf unsere Mühsale und Leiden und *entscheiden* wir, dass sie unerträglich sind. (SN 756)

Mit dieser Argumentation legt Sartre die Freiheit bereits als „grundlegende Bedingung jedes Handelns" (SN 758) fest; denn die erste Entscheidung hat der Mensch bereits gefällt, ehe Motive und Ursachen ins Spiel gekommen sind.

Mit dieser Voraussetzung beginnt Sartre nun, den Determinismus im Bereich des konkreten Handelns zu widerlegen. Im Gegensatz zu anderen Gegnern des Determinismus bestreitet er nicht, dass es „kein Handeln ohne Motiv" (SN 758) gibt:

> Es kann nicht anders sein, da jedes Handeln *intentional* sein muss: es muss ja einen Zweck haben, und der Zweck bezieht sich seinerseits auf ein Motiv. (SN 758)

Der Determinist, so Sartre, macht es sich jedoch zu leicht, wenn er seine „Untersuchung auf die blosse Angabe des Motivs oder des Antriebs" (SN 759) beschränkt. Die wesentliche Frage ist, was ein Motiv zum Motiv macht. Sartre grenzt hier den Begriff „Motiv" klar vom Begriff „Ursache" ab. Eine Ursache, wie wir sie in der Naturwissenschaft finden, hat notwendigerweise eine bestimmte Wirkung. Die Situation, in die der Mensch ohne sein Zutun hineingeboren wird, zum Beispiel eine ungebildete Familie in einer abgelegenen Region Indiens, ist ebenfalls eine Ursache, die sich notwendigerweise in seinem finanziellen und kulturellen Zustand auswirkt und ihm den Ausgangspunkt vorgibt, von dem aus er sein Leben gestalten muss. Was uns jedoch in unserem täglichen Leben und in unserer gegebenen Situation begegnet, nennt Sartre „Motive". Und während der Determinist behauptet, auf ein bestimmtes Motiv folge mit derselben Sicherheit, mit der ein bestimmtes Phänomen auf eine bestimmte Ursache folge, eine bestimmte Handlung, bringt Sartre seinen Freiheitsbegriff ins Spiel. Der Mensch, als Wesen, dessen Existenz der Essenz vorausgeht, ist das einzige Geschöpf, das sich von sich selbst losreißen und sich von den Kausalreihen lösen kann[6]. Nichts zwingt ihn, auf ein Motiv eine bestimmte Handlung folgen zu lassen, denn sein Bewusstsein verleiht dem Motiv erst dessen Bedeutung[7]. „Um nämlich Motiv sein zu können, muss das Motiv als solches *empfunden* werden" (SN 759). Auch wenn dieser Prozess nicht notwendigerweise auf der Ebene der Erwägung und Reflexion stattfinden muss, ist die Tatsache nicht zu umgehen, dass das „Für-sich" das Motiv erst als Motiv oder Antrieb konstituieren muss. Wenn ich schlechte Arbeitsbedingungen hinnehme, so ist mein Motiv dafür, dass ich Angst habe, zu verhungern. Ich

---

[6] Vgl. Suhr, S. 106

[7] Vgl. Ebd., S. 114

habe jedoch nur Angst, zu verhungern, weil ich mich dazu entschieden habe, leben zu wollen. Dass das Leben einen Wert hat, habe ich so bestimmt – genauso wie ich bestimmen könnte, dass es keinen hat. Motive und Antriebe haben nur innerhalb meines Gesamtentwurfs einen Sinn.

Äußere Motive wie Erfahrungen oder gar Wunderzeichen bilden für Sartre ebenso wenig eine Ausnahme wie gemeinhin der menschlichen Natur zugeschriebene Motive wie Charakter, Gefühle und Leidenschaft. Erfahrungen beeinflussen, aber determinieren nicht.[8] Als Mensch habe ich die Freiheit, gewisse Schlüsse aus der Vergangenheit zu ziehen – genauso kann ich jedoch beschliessen, diese Schlüsse nicht zu ziehen. In meiner besonderen Stellung in der Welt habe ich die Macht, aus der Kausalkette auszubrechen. Was „Zeichen" anbelangt, so sind sie ebenso menschlicher Interpretation bedürftig wie jedes andere Geschehnis, das uns in die eine oder andere Richtung lenken will:

> Der Existentialist meint genauso wenig, der Mensch könne Hilfe finden in einem auf Erden gegebenen Zeichen, das ihm eine Richtung weist; denn er denkt, der Mensch entziffert das Zeichen, wie es ihm gefällt. (EH 155)
>
> Wenn ein Engel zu mir kommt, was beweist, dass es ein Engel ist? Und wenn ich Stimmen höre, was beweist, dass sie vom Himmel und nicht aus der Hölle kommen, oder aus dem Unterbewussten oder von einem pathologischen Zustand? Wer beweist, dass sie sich an mich wenden? […] Wenn eine Stimme sich an mich richtete, werde immer ich es sein, der entscheidet, diese Stimme sei die des Engels […]. (EH 152f)

Der Charakter ist nicht die Voraussetzung des Handelns, sondern das Ergebnis[9]. Ich selbst schaffe ihn als Filter, der mögliche Motive für mein Handeln bewertet und als solche konstituiert. Auch Gefühle und Leidenschaft verlieren ihre sonst so gewichtige Position bei Sartre:

---

[8] Vgl. Suhr, S. 76

[9] Vgl. Ebd., S. 102

> Der Existentialist glaubt nicht an die Macht der Leidenschaft. Er wird nie meinen, eine schöne Leidenschaft sei eine alles mitreissende Flut, die den Menschen schicksalhaft zu bestimmten Taten zwingt und daher eine Entschuldigung ist. Er meint, der Mensch ist für seine Leidenschaft verantwortlich. (EH 155)

Die Leidenschaft ist demnach kein Trieb, dem der Mensch wehrlos gegenübersteht. Im Gegenteil, er kann dafür verantwortlich gemacht werden. Er entscheidet sich, ein leidenschaftlicher Mensch zu sein, seinen Gefühlen Gewicht zu geben und sie als Motive zuzulassen. Er benutzt sie sogar, um die Zwecke zu erreichen, die er sich in Übereinstimmung mit seinem Lebensentwurf gesetzt hat:

> So ist die Freiheit, da sie mit meiner Existenz gleichzusetzen ist, Grundlage der Zwecke, die ich, sei es durch den Willen, sei es durch Leidenschaften, zu erreichen suche. (SN 770f)

Sartre fühlt sich mit dieser Argumentation dem Determinismus immer einen Schritt voraus, da er seine Grundlage angreift. Er wirft ihm vor, mit seiner Zurückweisung der Freiheit zu versuchen, den Menschen auf das „An-sich" zu reduzieren (vgl. SN 764). Im deterministischen Weltbild ist der Mensch ein Objekt unter Objekten, nichts weiter als ein Glied der langen und verzweigten Kausalkette. Motive werden fälschlicherweise als eigenständige *Dinge* verstanden und die Tatsache ausgeblendet, „dass ihre Natur und ihr Gewicht in jedem Moment von dem Sinn abhängen, den ich ihnen gebe" (SN 764).

Was ist Freiheit?

> Wie soll man also eine Existenz beschreiben, die sich ständig macht und die sich weigert, in eine Definition eingeschlossen zu werden? Schon die Bezeichnung „Freiheit" ist gefährlich, wenn dabei mitgemeint sein soll, dass das Wort auf einen Begriff verweist, wie es Wörter gewöhnlich tun. Undefinierbar und unbenennbar, wäre die Freiheit also unbeschreibbar? (SN 761)

Wer eine allgemeine Definition von Freiheit bei Sartre sucht, wird nicht fündig. Freiheit ist nicht definierbar, sondern bloß beschreibbar. In seiner Begründung dieser Aussage beleuchtet Sartre drei Aspekte: Die Wesenlosigkeit der Freiheit, die Freiheit als Erfahrung und die Freiheit als „Nichtung". In der Wesenlosigkeit der Freiheit liegt die Begründung dafür, dass diese nicht definiert werden kann. In den Aspekten der Erfahrung und der Nichtung liegt die eigentliche Beschreibung der Freiheit. Die Beschreibung ist jedoch keine Aufzählung von Eigenschaften, sondern eher eine „Ortung" der Freiheit im menschlichen Bewusstsein. Sartre gibt nicht primär Auskunft darüber, was Freiheit ist, sondern erklärt uns, wo sie zu finden ist.

Freiheit ist wesenlos

> Die Freiheit aber hat kein Wesen. Sie ist keiner logischen Notwendigkeit unterworfen; von ihr müsste man sagen, was Heidegger vom Dasein schlechthin sagt: In ihr geht die Existenz der Essenz voraus [...]. (SN 761)

Die Freiheit lässt sich weder greifen, fassen, noch definieren. Sie hat keine Substanz, keine materielle Einheit und lässt sich nicht auf einen konkreten Begriff reduzieren. Laut Sartre hat sie kein Wesen, genauso wie der Mensch kein Wesen hat. Deshalb gilt bei ihr dasselbe wie beim Menschen: Die Existenz geht der Essenz voraus. Sie ist da, präsent, unkontrolliert und unkontrollierbar. Alles, was ein Wesen hat, setzt jemanden oder etwas voraus, welcher oder welches eben dieses Wesen konstituiert hat. Die Idee des Brieföffners setzt den Handwerker voraus, sie zu denken; das Wesen des Menschen, wenn er denn eines hätte, setzte einen Gott voraus, es festzulegen. In der Handlung beispielsweise liegt ein Wesen, welches von der Freiheit konstituiert ist. Hätte die Freiheit selbst ein Wesen, müsste dieses wiederum konstituiert sein. Dies würde, blieben wir dem Glauben an die Nicht-Existenz Gottes treu, zu einem infiniten Regress führen:

> Wenn wir auf die konstitutive Potenz zurückgehen wollen, müssen wir alle Hoffnung fahren lassen, für sie ein Wesen zu finden. Dieses verlangte ja eine neue konstitutive Potenz und so weiter bis ins Unendliche. (SN 761)

Um der Beschreibung von Freiheit näher zu kommen, müssen wir folglich nicht ihr Wesen, sondern die Freiheit als „das Existierende selbst in seiner Einzelnheit" betrachten (SN 761). Hier sind wir gezwungen, uns ganz auf eine persönliche und subjektive Ebene einzulassen; denn „ich kann gewiss nicht eine Freiheit beschreiben, die dem andern und mir selbst gemeinsam ist" (SN 761). Die Freiheit ist keine eigenständige Grösse mit selbständigen Eigenschaften und Merkmalen. Sie hat kein Wesen, sondern ist „Grundlage aller Wesenheiten" (SN 762), allem voran Grundlage aller Handlung. Genauso wenig wie ein eigenständiges Wesen ist die Freiheit jedoch eine Wesenseigenschaft des Menschen. Mit der Aussage „Der Mensch ist Freiheit" (EH 155) meint Sartre nicht etwa, dass die Freiheit bloss eine Eigenschaft des Menschen sei. Sie ist weit mehr als das. Mit den Worten Christa Hackeneschs:

> Der Begriff der Freiheit repräsentiert keine Essenz des Menschen als eines denkenden Wesens, er steht einzig für die Wirklichkeit der Existenz des Einzelnen [...]. Freiheit ist jenseits des Wesens.[10]

Die Freiheit ist mit der Existenz des Menschen gleichzusetzen. Das Sein des Menschen, das Material, aus dem es besteht, *ist* Freiheit:

> [...] Freiheit [...] ist keine hinzugefügte Qualität oder *Eigenschaft* meiner Natur, sie ist ganz genau der Stoff meines Seins [...]. (SN 762)

---

[10] Hackenesch, Christa: *Jean-Paul Sartre*, Reinbek: Rowohlt 2001, S. 35

Die Wesenlosigkeit der Freiheit hindert uns jedoch nicht daran, diese wahrzunehmen. Der direkteste Weg dazu ist die Erfahrung.

Freiheit als Erfahrung

> Doch es handelt sich in Wirklichkeit um *meine* Freiheit. Ebenso übrigens konnte es sich bei meiner Beschreibung des Bewusstseins nicht um eine gewissen Individuen gemeinsame Natur handeln, sondern nur um *mein* einzelnes Bewusstsein, das wie meine Freiheit jenseits des Wesens ist [...]. (SN 761)

Die subjektive Ebene, auf die wir uns begeben haben, kommt in Sartres Vergleich zwischen Freiheit und Bewusstsein besonders deutlich zum Ausdruck. Freiheit ist eine persönliche Erfahrung; kein Ereignis, das uns von Außen widerfährt, sondern ein tägliches, inneres Erleben. In meinem Bewusstsein erfahre ich nur mich selbst. Ich kann niemanden daran „anschließen" und niemals in das eines anderen eindringen. Ich erkenne mich zwar selbst im anderen wieder und muss daraus schließen, dass auch er „bewusst" ist; wird mir jedoch die Aufgabe zuteil, das Bewusstsein zu beschreiben, kann ich nur auf mein eigenes zurückgreifen. Dasselbe gilt für die Freiheit, welche meinem Bewusstsein zugrunde liegt. Sartre greift hier auf Descartes' „Cogito, ergo sum"[11] zurück:

> An das Cogito werden auch wir uns wenden, um die Freiheit als Freiheit, die *unsere* ist, zu bestimmen, als blosse faktische Notwendigkeit, das heisst als ein kontingentes Existierendes, das aber zu erfahren ich *nicht umhinkann*. (SN 762)

„Ich denke, also bin ich" wird bei Sartre zu der Idee „Ich denke, als bin ich frei". Solange ich Bewusstsein von mir selbst habe, bin ich mir auch meiner Freiheit bewusst. Dieses Bewusstsein meiner eigenen Freiheit kann ich nicht umgehen. Ich erfahre meine Freiheit notwendigerweise und bin ihr bedingungslos ausgeliefert. Alle Versuche, dies zu leugnen, zeugen gemäss Sartre von

---

[11] Descartes, René: *Meditationes de Prima Philosophia*, Stuttgart: Philipp Reclam 1986

Unaufrichtigkeit, Selbstbetrug oder Feigheit. Das Bewusstsein von Freiheit zu leugnen heisst, sich selbst auf ein Objekt zu reduzieren.[12] Sartres elementarer Begriff von Freiheit rechtfertigt diese klare Haltung insofern, als Freiheit wesentlich weiter gefasst wird als eine blosse menschliche Eigenschaft oder ein „Denkmodus". Wäre Freiheit nicht mehr als das, so könnte sie vielen Menschen abgesprochen werden. Doch die Freiheit betrifft den Menschen ist seiner einzelnen Existenz[13], ihn umfassend und bedingend.

Freiheit ist jedoch nicht nur eine innere Bewusstseinserfahrung, die sich jenseits des äusserlich Erkennbaren abspielt. Sie findet sich in jeder konkreten Situation des Handelns und Entscheidens wieder. Erst durch meine Handlungen erfahre ich das volle Ausmass meiner Freiheit:

> Ich bin nämlich ein Existierendes, das seine Freiheit durch seine Handlungen erfährt [...]. (SN 762)

In der Handlung vollzieht und offenbart sich die Freiheit. Sie „macht sich [selbst] zu Handlung" (SN 761), indem sie deren Motive, Antriebe und Zwecke ordnet und aus ihnen heraus eine Entscheidung fällt. Das ganze handelnde Wesen besteht somit aus Freiheit und wird von ihr konstituiert. Die Beschreibung der Freiheit ist gleichsam die Beschreibung des handelnden Menschen. Die Welt ist der Raum seiner Freiheit[14] und setzt seinen äusseren Möglichkeiten Grenzen. Sie konstituiert die „conditio" (EH 166), die grundlegende Situation, in der sich der Mensch befindet und die ihn beschränkt. Die absolute Freiheit befähigt ihn nicht dazu, jede Handlung auszuführen. Sie befähigt ihn jedoch dazu, jede Handlung *nicht* auszuführen, die ihm offen steht; „Nein" zu sagen. Sagt er zu

---

[12] Vgl. Kapitel 3.2.

[13] Hackenesch, S. 36

[14] Ebd., S. 36

allem „Nein", selbst zur Erhaltung seines Lebens, so wählt er den Tod. Die Erfahrung der Freiheit führt ihn dann sogar über das Leben hinaus.

Wir erfahren die Freiheit, die unserem Handeln Zugrunde liegt, denn auch am stärksten, wenn sie uns an unsere eigenen Grenzen führt. Stehe ich am Ufer eines reissenden Flusses, so wird mir bewusst, dass nur meine eigene Freiheit, die freie Entscheidung, am Ufer stehen zu bleiben, mich daran hindert, hineinzustürzen.[15]

Freiheit als Nichtung

Um die Freiheit „in ihrem Kern zu erreichen" (SN 763), ist ein noch tieferes Verständnis ihrer Struktur unumgänglich. Sartre versucht, uns dieses zu ermöglichen, indem er einen dritten Aspekt der Freiheit beleuchtet. Dieser widerspiegelt und vereint wesentliche Elemente seiner existentiellen Philosophie und führt uns zu den Grundgedanken seiner Freiheitstheorie.

Grundlage ist wiederum die Fähigkeit des Menschen, von sich selbst und der objekthaften Welt Abstand zu nehmen. Durch diese Distanzierung teilt sich der Mensch in das „Für-sich" und das „An-sich"; er ist der, der Abstand nimmt und beobachtet, gleichzeitig jedoch der, von dem Abstand genommen und der beobachtet *wird*. In dieser Teilung entsteht ein Bruch, ein „Nichts". Und die Möglichkeit des „Für-sich", diesen Bruch zu vollziehen, nennt Sartre die Möglichkeit, das „An-sich" zu „nichten". Wenn das „Für-sich", das bewusste „Ich", diese Möglichkeit in Anspruch nimmt und die besagte Distanz zu sich selber herstellt, so begibt es sich in seine wahre Bestimmung. Erst dann vollzieht

---

[15] Vgl. Kapitel 5.1.

es den Vorgang, der es als Mensch vom Tier unterscheidet und zur „Person" macht; erst dann *ist* es:

> Sein ist für das Für-sich das An-sich, das es ist, nichten. (SN 763)

Die Nichtung grenzt den Menschen von sich selbst als blossem Objekt ab. Er ist nicht mehr eins mit sich selbst, er kann sich nicht mehr völlig mit der „Festigkeit des Seins"[16] identifizieren.

In dieses Bild hinein stellt Sartre nun die Freiheit. Sie bedingt und durchwirkt jeden einzelnen der beschriebenen Vorgänge. Sie ist eins mit dem Bruch zwischen „Für-sich" und „An-sich", ist nicht weniger als die Nichtung selbst. Der Zufälligkeit der Existenz stellt Sartre die Freiheit entgegen[17]; das „Für-sich" existiert als „substanzlose Freiheit"[18] und hebt sich so von der Kontingenz der Welt ab.

Freiheit lässt sich folglich als *Moment* beschreiben. Sie ist das Moment zwischen mir als „Für-sich" und mir als „An-sich". Die Nichtung, die dieses Moment hervorruft, findet sich jedoch noch an anderer Stelle: Es existiert nicht nur ein „Nichts" zwischen dem „Für-sich" und dem „An-sich", sondern auch zwischen dem „Für-sich" *jetzt* und dem „Für-sich", das ich in der Zukunft sein werde. Eben dieses Nichts „das zwischen das Ich, das ich jetzt bin, und das Ich, das ich sein werde, hineingeglitten ist, ist die Freiheit, mich zu entscheiden, mich zu wählen"[19]. Die absolute Freiheit ist es, die mich nicht nur von mir als „An-sich", sondern auch von meiner Vergangenheit und meiner Zukunft trennt.

---

[16] Hackenesch, S. 41

[17] Vgl. Ebd., S. 41

[18] Hackenesch, S. 41

[19] Suhr, S. 112

Sie trennt mich von meiner Vergangenheit, indem ich *jetzt* entscheide, welche Motive ich als Antrieb für künftige Handlungen zählen lasse, und sie trennt mich von meiner Zukunft, weil „das, was ich bin, nicht der Grund dessen ist, was ich sein werde" (SN 95), und „weil überhaupt kein aktuell Existierendes genau das bestimmen kann, was ich sein werde" (SN 95f).

Für Sartre ist Freiheit die „Grundbestimmung unserer Existenz"[20], die „Definition des Menschen" (EH 172). Ohne sie würde sich der Mensch letztendlich nicht vom Tier unterscheiden, denn er könnte nicht bewusst über sich selbst verfügen. Über sich selbst verfügen kann er nur, indem dieses Moment zwischen ihm als „Für-sich" und ihm als „An-sich" besteht und einen Ausweg aus der Gefangenschaft seiner eigenen Objekthaftigkeit bietet. In der sinnlosen Zufälligkeit der Welt erhält der Mensch die Möglichkeit, etwas zu schaffen, was über die Zufälligkeit hinausgeht: sich selbst. Dazu muss er sich selbst verlassen, anschauen, und dann entscheiden, wie er sich formen und gestalten möchte. Freiheit ist die „Grundlage aller Werte" (EH 172), weil sie dem Menschen die Werkzeuge in die Hand gibt, sich selbst zu erschaffen und zu definieren. Sie ist jedoch auch Grundlage aller Werte, weil es nebst ihr keine andere Grundlage gibt, auf die der Mensch bauen könnte. Die Möglichkeit, die sie ihm gibt, ist keine Möglichkeit, die er ablehnen könnte. Er kann nicht umhin, die Fähigkeit, von sich selbst Abstand zu nehmen, auszuüben. So stellt sich denn die Frage, ob der Mensch diese grosszügige, aber unumgängliche Freiheit überhaupt wertschätzt.

---

[20] Vgl. Biemel, Walter: *Jean-Paul Sartre: Die Faszination der Freiheit*, in: Speck, Josef (Hrsg.): *Grundprobleme der grossen Philosophen,* Göttingen: Vandenhoeck & Ruprecht 1982, S. 87

Zur Freiheit verurteilt?

Ich bin verurteilt, für immer jenseits meines Wesens zu existieren, jenseits der Antriebe und Motive meiner Handlung: ich bin verurteilt, frei zu sein. (SN 764)

Sartre ist sich im Klaren darüber, dass das Bewusstsein der absoluten Freiheit weit mehr im Menschen auslöst als die Freude, aus aller Kausalität herausgelöst zu sein. In seinen Untersuchungen beschreibt und interpretiert er die existentiellen Gefühle der Angst und Verlassenheit, die Freiheit und Verantwortung bewirken. Er stellt die Angst als den Ausgangspunkt unseres Bewusstseins dar, an dem sich uns das volle Ausmass unserer Freiheit offenbart und von dem aus die Wege in zwei verschiedene Richtungen führen. Entweder wir wählen den Weg der Unaufrichtigkeit und fliehen in deterministische Entschuldigungen, oder wir wählen den Weg der Verantwortlichkeit. Einen Weg, der Freiheit und Wahl zu entfliehen, gibt es nicht.

Angst und Verlassenheit

Für Sartre ist die Angst gleichzeitig Beweis und Konsequenz der Freiheit. Beweis, weil Angst in einer determinierten Welt grundlos wäre, und Konsequenz, weil sich in ihr die Verzweiflung offenbart, auf nichts Bestehendes zurückgreifen zu können. Angst ist in ihrer Wesensstruktur Freiheitsbewusstsein[21]. Sartre verdeutlicht dies am Beispiel des Menschen, der vor einem Abgrund steht. Dieser lässt seine Augen hinunterwandern und stellt sich seinen möglichen Sturz vor. Dabei ängstigt er sich, er schaudert. Was

---

[21] Vgl. Suhr, S. 114

bedeutet nun diese Angst in ihm? Gemäss Sartre fürchtet er sich nur, weil er *Möglichkeiten* hat[22]:

> Wenn nichts mich zwingt, mein Leben zu retten, hindert mich nichts, mich in den Abgrund zu stürzen. Das entscheidende Verhalten wird aus einem Ich hervorgehen, das ich noch nicht bin. (SN 96)

Wie weiter oben ausgeführt, ist zwischen mir als „Für-sich" *jetzt* und meinem zukünftigen „Ich" ein Bruch. Das Bewusstsein dieses Bruchs ist Angst, denn ich weiss nicht, was mein zukünftiges „Ich" morgen oder in einer halben Stunde entscheiden wird. Angst ist eine Manifestation der Freiheit[23], ist die Furcht davor, dass die Freiheit ihre „nichtende Gewalt"[24] ausübt. Keine höhere Macht, keine menschliche Natur und keine Kausalkette kann mich davor schützen, meine eigenen Entscheidungen zu treffen. Nichts und niemand kann mir Sicherheit geben, und niemandem kann ich die Verantwortung für mein Handeln übertragen. Meiner Angst kann ich nur bedingt entfliehen. Wenn ich den Weg der Unaufrichtigkeit wähle, übertünche ich sie mit Vorstellungen, die nicht der menschlichen Realität entsprechen. Statt die Freiheit, der sie nicht ausweichen können, als „Chance" (SN 955) zu sehen, ziehen es die Menschen tatsächlich „die meiste Zeit" (SN 955) vor, sie zu verleugnen.

In allem Leugnen und Entfliehen entschwindet jedoch die Tatsache nicht, dass der Mensch verlassen ist. Er ist verlassen, „weil Gott nicht existiert" (EH 154). Die Verlassenheit geht „einher mit der Angst" (EH 159) und macht die Freiheit letztendlich zur Last, zu der wir verurteilt sind. Allein zu sein, ohne Halt, ohne Entschuldigung, ohne Grund und ohne von Aussen verliehene

---

[22] Vgl. Ebd., S. 109

[23] Vgl. Suhr, S. 115

[24] Ebd., S. 116

Daseinsberechtigung wirft den Menschen in eine Position, der er nur selten gewachsen scheint. Trotzdem bürdet ihm Sartre die volle Verantwortung dafür auf, was er ist.

Verantwortlichkeit

> Die wesentliche Konsequenz unserer vorangehenden Ausführungen ist, dass der Mensch, dazu verurteilt, frei zu sein, das Gewicht der gesamten Welt auf seinen Schultern trägt: er ist für die Welt und für sich selbst als Seinsweise verantwortlich. Wir nehmen das Wort „Verantwortlichkeit" in seinem banalen Sinn von „Bewusstsein (davon), der unbestreitbare Urheber eines Ereignisses oder eines Gegenstands zu sein". (SN 950)

Hier kommt Sartre einmal mehr auf den Kern seiner Freiheitsphilosophie zurück: Der Mensch ist Freiheit und trägt deshalb die volle Verantwortung für sich selbst, seine Welt und sein Handeln. Diese aus der Freiheit entstehende Verantwortlichkeit ist für Sartre „drückend" (SN 950), weil der Mensch folglich auch die schlimmste Lebenssituation in „dem stolzen Bewusstsein, ihr Urheber zu sein" (SN 950), annehmen muss. Hier begegnen wir einem der radikalsten, teilweise beinahe grausam anmutenden Aspekte in Sartres Gedankengebäude. Er setzt uns auseinander, dass wir selbst das schrecklichste Ereignis, das uns zustösst, selbst gewählt haben:

> Was mir zustösst, stösst mir durch mich zu, und ich kann weder darüber bekümmert sein noch mich dagegen auflehnen, noch mich damit abfinden. (SN 951)

Als Beispiel erwähnt Sartre grausame Kriege und Folter. Diese erscheinen uns unmenschlich, weil wir uns für ihre Unmenschlichkeit *entschieden* haben. Mein Leben ist meine völlig freie Selbstwahl:

> [...] wenn ich in einem Krieg eingezogen werde, ist dieser Krieg mein Krieg, er ist nach meinem Bild, und ich verdiene ihn. Ich verdiene ihn [...], weil ich mich ihm immer durch Selbstmord oder Fahnenflucht entziehen konnte: diese letzten Möglichkeiten müssen uns immer gegenwärtig sein, wenn es darum geht, eine Situation zu beurteilen. (SN 951)

Gewissensbisse und Bedauern sind für Sartre ebenso unangebracht wie Entschuldigungen. Etwas wählen heisst, dessen Wert zu „bejahen" (EH 151).

Der Mensch ist Gesetzgeber und Schöpfer seiner Moral. Indem er sich selbst wählt, wählt er gleichzeitig alle Menschen: denn er hat die Werte festgelegt, die er für erstrebenswert hält. Manche seiner Entscheidungen beruhen „auf Irrtum, andere auf Wahrheit" (EH 171). Doch stets ist es seine Wahl, mit der er sich selbst definiert und in der er sich zu dem macht, was er ist.

Hier erreichen wir wieder den Ausgangspunkt: Der Mensch ist „verurteilt, frei zu sein. Verurteilt, weil er sich nicht selbst erschaffen hat, und dennoch frei, weil er, einmal in die Welt geworfen, für all das verantwortlich ist, was er tut" (EH 155). Die immense Verantwortung seiner Existenz bedrückt den Menschen dermassen, dass er sich tatsächlich zur Freiheit „verurteilt" fühlt. Die Freiheit ist eine Last, die er kaum zu tragen vermag. Trotzdem bezeichnet Sartre seine Theorie als „optimistisch" (EH 163); denn in seiner Freiheit hat der Mensch unzählige Gelegenheiten und Chancen, die er nutzen kann, um sein Leben sinnvoll zu gestalten und sich selbst eine Daseinsberechtigung zu liefern.

Schluss

Sartre geht es nicht, wie vielen anderen, darum, eine Philosophie zu entwerfen, die dem Geschmack und Strom unserer Zeit entspricht. Sein Werk lebt aus der Beobachtung des Menschen in seiner zufälligen Existenz und aus der Frage, wo in dieser Zufälligkeit noch Sinn gefunden werden kann. In der gegenwärtigen Debatte um Kausalität und Determinismus, die nicht nur Natur- und Geisteswissenschaften beherrscht, sondern insbesondere auf die Jurisprudenz einwirkt, hat Sartre nicht an Aktualität verloren. Auch wenn er nicht gerne gehört wird, stellt seine Philosophie ein grosses Fragezeichen hinter die beliebte Auffassung, der Mensch sei im Grunde weder für sich selbst, noch für das, was er mit dieser Welt angerichtet hat, verantwortlich. Seine streckenweise durchaus überzeugende Argumentation sollte uns vor Augen führen, dass in unseren grundlegendsten Entscheidungen allenfalls eine Macht und Tragweite liegt, welche unserem Handeln ein bisher ungeahntes Gewicht verleihen könnte. Wo individuelle Verantwortlichkeit in einer Gesellschaft verloren geht, reichen Entschuldigungen letztendlich nicht aus, um für den Schaden aufzukommen. Deshalb haben Sartres Argumente im heutigen Diskurs nicht nur mehr Berechtigung als gegenwärtig anerkannt, sondern eine unumgängliche Notwendigkeit.

Trotzdem bieten Sartres Grundlagen grosse Angriffsflächen. Ein Postulat wie die Nicht-Existenz Gottes mag für ein geschlossenes philosophisches System notwendig sein, ist jedoch auf Dauer nicht über alle Zweifel erhaben; insbesondere wenn es ein derart tragendes Element ist. Die grössere Angriffsfläche sehe ich jedoch in seiner radikalen Auslegung der persönlichen Verantwortlichkeit für jegliche Lebenssituation. Wenn ich gefoltert werde, leide ich dann nur, weil ich in meinem Entwurf ein schmerzfreies Leben als erstrebenswert erachte? Habe ich hier wirklich eine Wahl, oder gibt es tatsächlich Grenzen meiner Freiheit, die Sartre nicht anerkennen will? Ich mag transzendent sein, doch ich bin kein Gott, und meine Freiheit wird mein Leben lang stark eingegrenzt sein. Ein Soldat, der in den Kriegsdienst gerufen wird, mag die „Freiheit" haben, sich als Alternative erschiessen zu lassen. Ob wir hier aber von *echter, absoluter* Freiheit sprechen können, sei dahingestellt.

Bibliographie

Primärliteratur

Siglen

BJ   Sartre, Jean-Paul: *Betrachtungen zur Judenfrage*, in: *Drei Essays*, Frankfurt a. M.: Ullstein 1986

EH   Sartre, Jean-Paul: Der Existentialismus ist ein Humanismus, in: *Der Existentialismus ist ein Humanismus und andere philosophische Essays 1943 – 1948*, Reinbek: Rowohlt ²2002

SN   Sartre, Jean-Paul: *Das Sein und das Nichts – Versuch einer phänomenologischen Ontologie*, Reinbek: Rowohlt ¹⁰2004

Sekundärliteratur

Biemel, Walter: *Jean-Paul Sartre: Die Faszination der Freiheit*, in: Speck, Josef (Hrsg.): *Grundprobleme der grossen Philosophen*, Göttingen: Vandenhoeck & Ruprecht 1982

Hackenesch, Christa: *Jean-Paul Sartre*, Reinbek: Rowohlt 2001

Schumacher, Bernard N.: *Philosophie der Freiheit: Einführung in Das Sein und das Nichts*, in: Schumacher, Bernard N. (Hrsg.): *Das Sein und das Nichts*, Berlin: Akademie Verlag 2003

Suhr, Martin: *Jean-Paul Sartre zur Einführung*, Hamburg: Junius 2001

Martin Feyen (2003): Sartre und das Nichts

„Ου γαρ μη ποτε τουτο δαμη, ειναι μη εοντα,

αλλα συ τησδ' αφ' οδου διζησιος ειργε νοημα."

„Niemals ist dieses zwingend, dass Nichtseiendes sei seiend,
Nein, von diesem Weg des Forschens halte fern dein Denken."

Parmenides (Platon, Der Sophist, 258d)

Einleitung

Von Gustave Flaubert ist der Ausspruch überliefert, er wolle am liebsten einmal „ein Buch über nichts" (*un livre sur rien*) schreiben. Das „nichts", das dem Schriftsteller dabei vorschwebte, war in Wirklichkeit freilich kein „Nichts", sondern „etwas" - *etwas* Bedeutungsloses, *etwas*, das wegen seiner Alltäglichkeit bis dahin üblicherweise außerhalb des literarischen Interesses lag.[25] In diesem Sinne wird das Wort „nichts" im Alltag ständig verwendet: Es bezeichnet nicht die vollständige Abwesenheit von Seiendem überhaupt, sondern lediglich von irgendwie „bedeutsamem" Seienden. Was dabei als „bedeutsam" gilt, liegt im Ermessen des Sprechers: Entscheidend für seine Verwendung des Wortes „nichts" ist allein sein *Bezug* zu dem Seienden, das ihn umgibt. Ein Satz wie „Es gab nichts Interessantes zu sehen" ist demnach in

---

[25] Vgl. dazu Heideggers Betrachtung zu einem van Gogh-Gemälde: „Ein paar derbe Bauernschuhe, sonst nichts. Das Bild stellt eigentlich nichts dar." (Heidegger, Martin: *Einführung in die Metaphysik*, Tübingen 1953, S.27).

gewisser Weise die Urform aller alltäglichen Aussagen, in denen von „nichts" die Rede ist.[26]

Was im Alltag keine Probleme bereitet, stellte für die Philosophen lange Zeit ein Skandalon dar. Der Grund dafür liegt auf der Hand: Da sie im Allgemeinen lieber vom Sein selbst als von ihrem Bezug dazu reden, musste ihnen das Wort „nichts" als Verneinung jeglichen Seins von jeher suspekt sein. Bestenfalls diente es ihnen (wie z. B. Augustinus) als Grenzbegriff, der den Bereich des überhaupt denkbaren markierte. Im 20. Jahrhundert war es dann zunächst Martin Heidegger, der dem Nichts zu philosophischer Dignität verhalf. Hatte er schon in seinem Jahrhundertwerk *Sein und Zeit* (1926) dem Tod ein ganzes Kapitel gewidmet, erklärte er in seiner Freiburger Antrittsvorlesung (1929) die Frage „Warum ist überhaupt Seiendes und nicht vielmehr nichts?" zur „Grundfrage der Metaphysik" überhaupt.[27] Ja, Dasein heiße geradezu „Hineingehaltenheit in das Nichts".[28]

Auf das Nichts stößt Heidegger dank einer neuartigen Herangehensweise an die philosophischen Probleme, die in den ersten Jahren des Jahrhunderts von Edmund Husserl unter dem Namen „Phänomenologie" begründet worden war. Wesentlich war hierbei die erkenntnistheoretische „εποχη" als Außerkraftsetzung des Bezugs auf „transzendente" Wirklichkeit. Ziel der sog. „phänomenologischen Reduktion" war die Herausarbeitung des „reinen" Phänomens als „absoluter Grundgegebenheit", deren Evidenz auf einem „reinen Schauen" ähnlich der *clara et distincta perceptio* Descartes

---

[26] In einigen Fällen ist scheint das Wort „nichts" allerdings tatsächlich eine absolute Verneinung auszudrücken, z.B. in einer Aussage wie „Sag jetzt bitte nichts!".

[27] Heidegger, Martin: *Was ist Metaphysik?*, 15. Auflage, Frankfurt a.M. 1998, S.45.

[28] ebd., S:38.

beruhte.[29] Unter dem Schlagwort „Zu den Sachen selbst!" begibt sich auch Husserls Schüler Martin Heidegger in *Sein und Zeit* auf die Suche nach der Wahrheit, unter der er ein „reines Sehenlassen" der „einfachsten Seinsbestimmungen des Seienden als solchen" versteht.[30] Dazu bedarf es der „Aufdeckung" und „Auslegung" der Phänomene als „ausgezeichneter Begegnisart von etwas", hinter denen „wesenhaft nichts anderes" steht als sie selbst, über die aber häufig in „entarteter" Weise gesprochen wird.[31]

Die Lektüre von Husserl und Heidegger prägt schließlich das Werk Jean-Paul Sartres, in dessen „Versuch einer phänomenologischen Ontologie"[32] das Nichts sehr viel mehr Raum einnimmt als bei seinen philosophischen Vorbildern: Ein ganzes Kapitel ist darin dem „Problem des Nichts" gewidmet. Thema der vorliegenden Arbeit ist Sartres Exposition dieses Problems, die er anhand des Phänomens der „Frage" und der „Negationen" vornimmt. Dabei wird sein Vorgehen zunächst ausführlich dargestellt und dann kommentiert. Den Schluss bildet eine allgemeine Bewertung des „Nichts" in der Bedeutung, die Sartre ihm gibt.

---

[29] Husserl, Edmund: *Die Idee der Phänomenologie*, Hamburg 1986, S.49.

[30] s. Heidegger, Martin: *Sein und Zeit*, 18. Auflage, Tübingen 2001, S.33f.

[31] s. ebd. S.31ff.

[32] So der Untertitel von *Das Sein und das Nichts*.

Sartre und das Nichts

Die Frage

In der umfänglichen Einleitung zu seinem philosophischen Hauptwerk *Das Sein und das Nichts* begibt sich Jean-Paul Sartre mitten im Zweiten Weltkrieg (1943) auf die „Suche nach dem Sein". Das Unternehmen endet in einer Sackgasse, nämlich mit der problematischen Feststellung, dass es „zwei absolut voneinander getrennte Seinsbereiche" gibt.[33] Da ist zum einen das Sein des Suchenden selbst, das menschliche Sein, das als Bewusstsein immer auf ein anderes Sein bezogen ist. Denn das Bewusstsein ist immer Bewusstsein *von* etwas, daher ist

> „die Transzendenz konstitutive Struktur des Bewusstseins (...); d. h. das Bewusstein entsteht als auf ein Sein gerichtet, das nicht es selbst ist."[34]

Das Bewusstsein weiß von sich selbst - nichts. Es weiß nur, was es nicht ist. Es ist von vorn herein außerhalb seiner selbst, hat mithin Abstand zu sich selbst, es ist nicht *in* sich, sondern *für* sich (*pour soi*). Damit ist es sich selbst fraglich:

> „Das Bewusstsein ist ein Sein, dem es in seinem Sein um sein Sein geht, insofern dieses Sein ein Anderes-sein als es selbst impliziert."[35]

---

[33] «deux régions d'être absolument tranchées» (Sartre, Jean-Paul: *L'être et le néant. Essai d'ontologie phénoménologique*, Paris 2001, p.30). / dt. zitiert nach: Sartre, Jean-Paul: *Das Sein und das Nichts. Versuch einer phänomenologischen Ontologie*, übers. v. Hans Schöneberg u. Traugott König, Reinbek 1991, S.39.

[34] «La conscience est conscience de quelque chose: cela signifie que la transcendance est structure constitutive de la conscience; c'est à dire que la conscience naît portée sur un être qui n'est pas elle.» (Sartre, EN, p.28) / Sartre, SuN, S.35.

[35] «La conscience est un être pour lequel il est dans son être question de son être en tant que cet être implique un être autre que lui.» (Sartre, EN, p.29) / Sartre, SuN, S.37.

Von diesem permanent mit sich selbst und seiner Umwelt beschäftigten Für-sich-sein (*être pour soi*) unterscheidet sich das selbstgenügsame, ganz und gar intransitive Sein der Dinge, wie sie dem Bewusstsein erscheinen: Dieses „massive" Sein, das keinerlei Beziehungen zur Außenwelt noch zu sich selbst unterhält, das kein Innen oder Außen kennt, nennt Sartre das An-sich-sein (*être en soi*): Es ruht in sich (*en soi*), es ist es selbst (*soi*), kurz: „Es ist, was es ist."[36]

Auf der Suche nach einer Verbindung zwischen diesen beiden Regionen des Seins stößt Sartre dann im ersten Hauptteil seines Buches auf das „Problem des Nichts". Dabei wird die zuvor so sehr betonte Trennung zwischen An-sich- und Für-sich-sein gleich zu Beginn wieder aufgehoben: Da nämlich beide Seinsweisen (*êtres*) offenbar in einem wie auch immer gearteten Verhältnis (*rapport*) zueinander stehen, braucht man nur dieses Verhältnis selbst in seinen konkreten Erscheinungsformen zu untersuchen, um seiner Natur auf die Schliche zu kommen: „Das Verhältnis ist Synthese."[37] Statt auf die einzelnen Seinsregionen, die nur in der (nachträglichen) Abstraktion analytisch getrennt sind, richtet sich das Interesse also auf das „Konkrete", d. h. auf

> „die synthetische Totalität (...), von der das Bewusstsein wie auch das Phänomen lediglich Momente bilden."[38]

Das menschliche Verhalten ist demnach am besten geeignet, die ursprüngliche Beziehung der nur scheinbar streng getrennten Seinsregionen, d. h. den „tiefen Sinn der Beziehung ‚Mensch-Welt'"[39], zu erhellen:

---

[36] s. Sartre, EN, p.29ff / Sartre, SuN, S.37ff.

[37] «*Le rapport est synthèse.*» (Sartre, EN, p.37) / Sartre, SuN, S.49.

[38] «*la totalité synthétique dont la conscience comme le phénomène ne constituent que des moments*» (Sartre, EN, p.37) / Sartre SuN, S.50.

[39] s. Sartre, EN, p.38 / Sartre, S.51.

„Die Beziehung der Seinsregionen ist ein ursprüngliches Hervorbrechen, das der Struktur dieser Seinsweisen [*êtres*] selbst zugehört. Wir entdecken sei gleich zu Beginn unserer Untersuchung. Man braucht nur die Augen aufzumachen und in aller Naivität jene Totalität zu befragen, die der Mensch-in-der-Welt ist."[40]

Dieses Befragen macht Sartre nun gleich wieder selbst zum Thema, indem er die Frage - *sein* (metaphysisches) Fragen[41] - als „primäres Verhalten" wählt, das als Leitfaden der weiteren Untersuchung dienen soll:

„Wenn ich diesen Menschen, der *ich* bin, erfasse, wie er in diesem Augenblick in der Welt ist, stelle ich fest, dass er sich gegenüber dem Sein in einer Fragehaltung befindet."[42]

Die Frage - genauer: der Akt des Fragens als ein Verhalten des Menschen-in-der-Welt - wird somit von Sartre selbst auf ihre ontologischen Implikationen hin befragt. Dabei gilt es zunächst einmal festzuhalten, dass jedes Fragen ein Sein voraussetzt, das fragt, und ein anderes, das befragt wird.[43] Im weiteren Verlauf der Untersuchung wird deutlich, dass es sich bei jenem zweiten Sein keineswegs um einen Menschen handeln muss: Gegenstand der Frage kann jedes Sein

---

[40] «*La relation des régions d'être est un jaillissement primitif et qui fait partie de la structure même de ces êtres. Or nous la découvrons dès notre première inspection. Il suffit d'ouvrir les yeux et d'interroger en toute naïveté cette totalité qu'est l'homme-dans-le-monde.*» (ibd) / Sartre, SuN, S.50. Das „In-der-Welt-Sein" bezeichnet Heidegger in *Sein und Zeit* als grundlegende Struktur des Daseins. Für Heidegger gehört es grundsätzlich „zum Wesen jeder Befindlichkeit, je das volle In-der-Welt-sein nach allen seinen konstitutiven Momenten (Welt, In-Sein, Selbst) zu erschließen." (Heidegger, *Sein und Zeit*, S.190.) Ein „ausgezeichnetes" Erschließen sei jedoch nur in der Angst möglich, „weil sie vereinzelt" (ebd.).

[41] Im Stellen der „metaphysischen Grundfrage" (s.o. S.3) sieht auch Heidegger in seiner Vorlesung *Einführung in die Metaphysik* den entscheidenden Hinweis auf die Möglichkeit von Nicht-sein überhaupt: „Mit unserer Frage stellen wir uns so in das Seiende, dass es seine Selbstverständlich-keit als das Seiende einbüßt. Indem das Seiende innerhalb der weitesten und härtesten Ausschlags-möglichkeit des ‚Entweder Seiendes – oder Nichts' ins Schwanken gerät, verliert das Fragen selbst jeden festen Boden." (Heidegger, *Einführung*, S.22).

[42] «*Cet homme que je suis, si je le saisis tel qu'il est en ce moment dans le monde, je constate qu'il se tient devant l'être dans une attitude interrogative.*» (Sartre, EN, p.38) / Sartre, SuN, S.51.

[43] s. ibd. /ebd.

werden, von dem der Fragende eine „Enthüllung" (*dévoilement*) über sein Sein bzw. seine Seinsweisen erwartet.[44] Voraussetzung ist „eine der Frage vorausgehende Vertrautheit"[45] mit dem Sein, d. h. die Kenntnis zumindest einer seiner Seinsweisen, die es dem Fragenden ermöglicht, es auf die weiteren Aspekte seines Seins hin zu befragen. Diese Aspekte sind dem Fragenden im Moment seines Fragens verborgen, gehören mithin zur „Transzendenz" des Objekts.[46] Die Frage besitzt demnach die Idealform: „Gibt es einen Aspekt x dieses Seins, der mit zurzeit verborgen ist?" Die Antwort auf eine solche Frage lautet entweder „ja" oder „nein". Der Fragende sieht sich also mit zwei „gleichermaßen objektiven und kontradiktorischen Möglichkeiten" konfrontiert: Wer auch immer eine (ernst gemeinte) Frage stellt, gibt somit *„grundsätzlich* die Möglichkeit einer negativen Antwort" auf diese Frage zu, d. h. die Möglichkeit eines Nicht-Seins (*non-être*) in der Transzendenz des befragten Seins (z. B.: „Die Rückseite des Mondes ist nicht bewohnt", „Der Apfel ist innen nicht faul" o.ä):[47]

„So ist die Frage eine zwischen zweierlei Nicht-sein [*non-êtres*] geschlagene Brücke: Nicht-sein des Wissens im Menschen, Möglichkeit des Nicht-seins im transzendenten Sein."[48]

---

[44] s. Sartre, EN, p.41f / Sartre, SuN. S.56.

[45] «*une familiarité préinterrogative avec l'être*» (Sartre, EN, p.39) / Sartre, SuN, S.51f.

[46] s. ibd. / ebd. Die Frage, wie das Bewusstsein überhaupt zu der Auffassung gelangt, dass es „Erscheinungen über die Erscheinung des Augenblicks hinaus gibt" kann hier nicht erörtert werden (s. Danto, Arthur C.: *Sartre*, übers. v. Ulrich Enzensberger, Göttingen 1993, S.59).

[47] s. Sartre, EN, p.39 / Sartre, SuN, S.52.

[48] «*Ainsi la question est un pont jeté entre deux non-êtres: non-être du savoir en l'homme, possibilité de non-être dans l'être transcendant*» (ibd.) / Sartre, SuN, S.52f.

Sartre legt schon an dieser Stelle großen Wert darauf, dass es „das Sein selbst" ist, das dem Fragenden diese Negation „enthüllt".[49] Außerdem sei es nicht zulässig, die Negation zu maskieren, indem man etwa sage, es habe sich bei dem Erfragten um „eine bloße Fiktion" gehandelt: „Bloße Fiktion" sein heiße ja dasselbe wie „nichts als eine Fiktion" sein (n'*être qu'une fiction*).[50]

Schließlich „impliziert" die Frage auch die Existenz einer Wahrheit[51], die ihrerseits einen begrenzenden und damit auch negierenden Charakter besitzt. Denn eine Antwort mit Wahrheitsanspruch behauptet (nach Sartre) im Grunde immer: „So ist es und nicht anders."[52] Nach dem, was zuvor über die Frage gesagt wurde, ist dies einleuchtend: Wenn die Antworten A und B kontradiktorische Möglichkeiten sind (wenn A, dann nicht B), ist in der Affirmation von A die Negation von B mit enthalten. Ein „jein" gibt es unter diesen Umständen nicht:

> „Kurz, die Wahrheit führt, als Differenzierung des Seins, ein drittes Nicht-sein als für die Frage bestimmend ein: das begrenzende Nicht-sein."[53]

---

[49] s. ibd. / Sartre, SuN, S.52.

[50] ibd. /ebd. „ne... que" ist im Französischen - zumindest grammatisch - eine Verneinung, daher erscheint die Übersetzung „nichts als" in diesem Zusammenhang angemessener als „nur".

[51] Vgl. Heidegger, *Sein und Zeit*, S.227: „Wahrheit setzen ‚wir' voraus, weil ‚wir', seiend in der Seinsart des Daseins, ‚in der Wahrheit' sind."

[52] «*C'est ainsi et non autrement.*» (ibd.) / Sartre, SuN, S.53. Sartre geht hier offenbar von einer auf der Korrespondenz zwischen Denken und Sein (*adaequatio intellectus et rei*) beruhenden Auffassung von „Wahrheit" aus, wie sie von Aristoteles und Thomas von Aquin vertreten wird.

[53] «*En un mot la vérité, à titre de différenciation de l'être, introduit un troisième non-être comme déterminant de la question: le non-être de limitation.*» (ibd.) / ebd.

Die Betrachtung einer Verhaltensweise des Menschen-in-der-Welt führt also zur Entdeckung eines „dreifachen Nicht-Seins". Der Mensch, der sich auf die Suche nach dem Sein begibt, findet sich „von Nichts umgeben":

„Die permanente Möglichkeit des Nicht-seins außer uns und in uns bedingt unsere Fragen über das Sein."[54]

Doch nicht nur in der Frage, auch in der Antwort, d. h. in jeder positiven Aussage über das Sein, ist das Nicht-sein präsent. Denn:

„Was auch immer diese Antwort sein mag, sie kann so formuliert werden: ‚Das Sein ist dies, und außerhalb dessen *nichts.*'"[55]

Angesichts dieses Ergebnisses glaubt Sartre, mit dem Nicht-Sein „eine neue Komponente des Realen"[56] entdeckt zu haben. Dieses seltsame Fundstück unterzieht er im Folgenden einer näheren Untersuchung.

Die Negationen

Die Zerstörung

Sartre wendet sich zunächst den Einwänden zu, die üblicherweise gegen eine wie auch immer geartete „Realität" des Nichts (*néant*) bzw. Nicht-seins (*non-*

---

[54] «*C'est la possibilité permanente du non-être, hors de nous et en nous, qui conditionne nos questions sur l'être.*» (Sartre, EN, p.39f) / ebd.

[55] «*Quelle que soit cette réponse, elle pourra se formuler ainsi: ‚L'être est cela, et en dehors de cela, rien.'*» (Sartre, EN, p.40) / ebd. Um das „Nichts" einzuführen, lässt Sartre sich offenbar von Heidegger inspirieren: vgl. Heidegger: *Metaphysik*, S.28: „Worauf der Weltbezug geht, ist das Seiende selbst – und sonst nichts. (...) Erforscht werden soll nur das Seienede und sonst – nichts; das Seiende allein und weiter – nichts; das Seiende einzig und darüber hinaus – nichts."

[56] «*une nouvelle composante du réel*» (ibd.) / ebd.

être) erhoben werden. Diese erscheinen auch vom Zwischenergebnis der Sartreschen „Suche nach dem Sein" her plausibel: Ist nicht das An-sich-sein „volle Positivität" (*pleine positivité*)[57]? Wie soll hier so etwas wie das Nichts Einzug halten? Erscheint es da nicht da nicht vernünftiger, das Nichts als die „transzendente [sic] Einheit" aller negativen Urteile zu begreifen? Und was die Negation selbst angeht, so liegt sie doch wohl eher in der Subjektivität des Urteilenden als im Sein des Beurteilten. Ohnehin unterscheidet sie sich scheinbar nicht wesentlich von der Affirmation, indem sie lediglich eine andere Kopula zwischen Subjekt und Prädikat schiebt - „ist nicht" (*n'est pas*) statt „ist" (*est*):[58]

> „So stände die Negation ‚am Schluss' des Urteilsakts, ohne deshalb ‚im' Sein zu sein. (...) Die Negation, als Ergebnis konkreter psychischer Operationen, durch die sie in ihrer Existenz erhalten wird, da sie unfähig ist, durch sich zu existieren, hat die Existenz eines noematischen Korrelats, ihr *esse* besteht ganz genau in ihrem *percipi*."[59]

Es gilt also, zuerst die Realität der Negation zu überprüfen, bevor eine Aussage über die Realität des „Nichts" getroffen werden kann:

> „Die Frage kann folgendermaßen gestellt werden: Steht die Negation als Struktur des Urteilssatzes am Ursprung des Nichts - oder ist im Gegenteil das Nichts als Struktur des Realen Ursprung und Grundlage der Negation?"[60]

---

[57] Sartre, EN, p.40 / Sartre, SuN, S.54.

[58] ibd. / ebd.

[59] «*Ainsi la négation serait ‚au bout' de l'acte judicatif sans être, pour autant, ‚dans' l'être. (...) La négation, résultat d'opérations psychiques concrètes, soutenue dans l'existence par ces opérations mêmes, incapable d'exister par soi, a l'existence d'un corrélatif noématique, son esse réside tout juste dans son percipi.*» (Sartre, EN, p.41) / Sartre, SuN, S.55.

[60] «*La question peut se poser en ces termes: la négation comme structure de la proposition judicative est-elle à l'origine du néant – ou, au contraire, est-ce le néant, comme structure du réel, qui est l'origine et le fondement de la négation?*» (ibd.) / ebd.

Sartre stellt die gleiche Frage wie Heidegger 14 Jahre zuvor in seiner Vorlesung *Was ist Metaphysik?* - und er wird sie auch in der gleichen Weise beantworten.[61] Der französische Gymnasiallehrer beginnt seine Untersuchung über den Ursprung der Negation mit einer bemerkenswerten Feststellung:

> „Es ist evident, dass das Nicht-sein immer in den Grenzen einer menschlichen Erwartung erscheint."[62]

Grundlage der Negation ist also ein strukturierendes Verhältnis des Menschen zur Welt, eine „Situation", wie Sartre es später nennen wird[63]:

> „Die Welt entdeckt ihre Beispiele von Nicht-sein [*non-êtres*] nur dem, der sie zuerst als Möglichkeiten gesetzt hat."[64]

Daraus folgt jedoch mitnichten, dass dieses Nicht-sein lediglich auf die Subjektivität des Urteilenden zurückzuführen ist. Um dies zu zeigen, bemüht Sartre sich um den Nachweis, dass die Negation mehr sein muss als ein bloßes Urteil bzw. die Qualität eines Urteils. Als Beleg dient wieder einmal die Frage, in der die Negation - als mögliche Antwort - schon aufscheint, die aber selbst kein Urteil ist, sondern ein „präjudikatives Verhalten" (*conduite préjudicative*).[65] Die Antwort, die der Fragende vom Befragten (z. B. einem

---

[61] vgl. Heidegger, *Metaphysik*, S.31: „Stellt das Nicht, die Verneintheit und damit die Verneinung die höhere Bestimmung dar, unter die das Nichts als eine besondere Art des Verneinten fällt? Gibt es das Nichts nur, weil es das Nicht, d.h. die Verneinung gibt? Oder liegt es umgekehrt? Gibt es die Verneinung und das Nicht nur, weil es das Nichts gibt? (...) Wir behaupten: das Nichts ist ursprünglicher als das Nicht und die Verneinung."

[62] «*Il est évident que le non-être apparaît toujours dans les limites d'une attente humaine.*» (Sartre, EN, p.41) / Sartre SuN, S.55.

[63] s. Danto, S.85.

[64] «*Le monde ne découvre pas ses non-êtres à qui ne les a d'abord posés comme possibilités.*» (Sartre, EN, p.41) / Sartre, SuN, S.55.

[65] Sartre, EN, p.41 / Sartre, SuN, S.56.

Vergaser oder einer Uhr) erwartet, ist ihrerseits ebenfalls kein Urteil, sondern „eine Seinsenthüllung [*dévoilement d'être*], auf deren Grundlage man ein Urteil fällen kann."[66] Wer die Enthüllung eines Seins erwartet, muss aber zugleich auch mit der „Eventualität der Enthüllung eines Nicht-seins"[67] rechnen:

> „So schließt meine Frage von Natur aus ein gewisses präjudikatives Verständnis des Nicht-seins ein."[68]

Sartre betont, dass es neben der Frage viele andere „nicht urteilende Verhaltensweisen" gibt, die ein „unmittelbares Verständnis des Nicht-seins auf der Grundlage des Seins" (*non-être sur fond d'être*) in „ursprünglicher Reinheit" aufweisen.[69] Als Beispiel für eine solche Verhaltensweise nennt er die (im Jahr 1943 alltäglich begegnende) „Zerstörung", die ebenso wie die Frage ein bestimmtes strukturierendes Verhältnis des Menschen zur Welt voraussetzt, welches seinerseits erst die Möglichkeit von Nicht-sein „setzt":

> „Damit es Zerstörung geben kann, muss es zunächst ein Verhältnis des Menschen zum Sein geben (...); und in den Grenzen dieses Verhältnisses muss der Mensch *ein* Sein als zerstörbar erfassen."[70]

Ohne dieses Verhältnis des Menschen zur Welt gibt es z. B. bei einem Gewitter nur Verschiebungen von Seinsmassen, wobei die Gesamtmenge des „Seins" gleich bleibt: *Das* Sein, das „ganze" Sein, ist für Sartre (wie für

---

[66] «*ce n'est pas un jugement, c'est un dévoilement d'être sur le fondement de quoi l'on puisse porter un jugement*» (Sartre, EN, p.42) / ebd.

[67] «*l'éventualité du dévoilement d'un non-être*» (ibd.) / ebd.

[68] «*Ainsi ma question enveloppe par nature une certaine compréhension préjudicative du non-être*» (ibd.) / ebd.

[69] «*de nombreuses conduites non judicatives présentent dans sa pureté originelle cette compréhension immédiate du non-être sur fond d'être*» (ibd.) / Sartre, SuN, S.57.

[70] «*Pour qu'il y ait destruction, il faut d'abord un rapport de l'homme à l'être, c'est-à-dire une transcendance; et dans les limites de ce rapport il faut que l'homme saisisse un être comme destructible.*» (ibd.) / ebd.

Parmenides) „jenseits jeder möglichen Zerstörung"[71], ihm kann man nichts hinzufügen noch hinwegnehmen, seine *Quantität* bleibt immer gleich. Der Begriff „Zerstörung" kann daher nur eine *qualitative* Veränderung innerhalb dieser Menge bezeichnen:

„Es gibt nach einem Gewitter nicht *weniger* als vorher. Es gibt *anderes*."[72]

Eine bestimmte Qualität erhält eine Seinsmasse aber nur dadurch, dass der Mensch sie „individualisiert", d. h. sie gegen den Rest des Seins abgrenzt und als ein bestimmtes „Seiendes" erfasst. [73] Diese „individualisierenden Begrenzung" inmitten des Seins enthält somit zugleich eine Negation nach Art des „limitierenden Nicht-seins" des Wahrheitsanspruchs. Indem der Mensch einen Teil des Seins gegenüber dem restlichen Sein abgrenzt, negiert er im Moment dieser Fokussierung zugleich diesen gesamten Rest[74]:

„Das betrachtete Sein ist *dies* und außerhalb dessen *nichts*."[75]

Zugleich aber macht dieses „Verhältnis individualisierender Begrenzung" (*rapport de limitation individualisante*)[76] des Menschen zum Sein die so herausgehobenen Teile des Seins zuallererst „zerstörbar", da es ihnen eine gewisse Qualität verleiht, die durch eine Verschiebung der Seinsmassen verloren

---

[71] «*au delà de toute destruction possible*» (Sartre, EN, p.43) / Sartre, SuN, S.58.

[72] «*Il n'y a pas moins après l'orage qu'avant. Il y a autre chose.*» (Sartre, EN, p.42) / Sartre, SuN, S.57.

[73] Heideggers „ontologische Differenz" zwischen „Sein" und „Seiendem" lässt sich im Französischen nur durch den Artikel ausdrücken: *l'*être (*das* Sein) ↔ *un* être (*ein* Sein).

[74] Dies sagt Sartre an dieser Stelle zwar nicht, die Analogie zum o.g. Wahrheitskriterium wie auch zum nachfolgenden Café-Beispiel erscheint jedoch zwingend.

[75] «*L'être considéré est cela, et en dehors de cela, rien.*» (Sartre, EN, p.42) / Sartre, SuN, S.57.

[76] s. Sartre, EN, p.43 / Sartre, SuN, S.58

gehen kann: Es ist der Mensch, durch den die „Zerbrechlichkeit" (*fragilité*) in das Sein kommt[77], indem er bestimmten Ausschnitten dieses Seins einen Wert verleiht – und Maßnahmen zu ihrer Erhaltung ergreift. Sartre veranschaulicht dies mit der provokanten (und irreführenden) Erklärung:

> „Man muss also zugeben, dass die Zerstörung eine wesenhaft menschliche Sache ist und *dass es der Mensch ist*, der seine Städte durch Vermittlung der Erdbeben oder direkt zerstört."[78]

Da die Zerstörung aber (wie die Frage) ein „präjudikatives Verhalten" ist, zeigt sich in ihr zugleich auch ein „präjudikatives Verständnis" des „Nichts als solchem".[79] Indem sie (wie die Frage) die Möglichkeit von Nicht-sein voraussetzt, ist sie „ein Verhalten *gegenüber* dem Nichts".[80]

Überraschen muss es nach diesen Ausführungen zunächst, wenn Sartre die Zerstörung als „objektives Faktum" (*fait objectif*) bezeichnet.[81] Damit ist jedoch nur die „Objektivität" des Phänomens[82] gemeint, keinesfalls das Sein, wie es im kantischen Sinn „an sich", also unabhängig vom Betrachter ist - ansonsten bliebe es im Dunkeln, inwiefern sich die Zerbrechlichkeit in das Sein einer Vase

---

[77] s. Sartre, EN, p.42 / ebd.

[78] «*Il faut donc bien reconnaître que la destruction est chose essentiellement humaine et que c'est l'homme qui détruit ses villes par l'intermédiaire des séismes ou directement.*» (Sartre, EN, p.43) / Sartre, SuN, S.58. „Durch Vermittlung von" scheint den (provokativen) Sinn dieser Stelle deutlicher wiederzugeben als das von Schöneberg/König gewählte „über".

[79] «*une compréhension préjudivative du néant en tant que tel*» (ibd.) / ebd.

[80] «*une conduite en face du néant*» (ibd.) /ebd.

[81] ibd. / Sartre, SuN, S.59. Das „aber zugleich " (*mais en même temps*) am Beginn des Satzes bildet offenbar das Korrelat zu dem „sicher" (*certes*), mit dem Sartre eine Seite zuvor seine Ausführungen über den Menschen als Urheber aller Zerstörung eingeleitet hatte.

[82] Husserl spricht vom „reinen" Phänomen als „absoluter" Grundgegebenheit, s.o. S.4.

„eingeprägt" haben soll[83], wenn es doch (wie zuvor gesagt) der Mensch ist, der den Dingen ihre Zerbrechlichkeit verleiht. Es mag zwar sein, dass solche Dinge wie Vasen überhaupt nur deswegen existieren, weil der Mensch sich bemüht, das Sein um sich herum in einer bestimmten Weise anzuordnen, und der Mensch dem Sein somit seinen eigenen Gestaltungswillen „einprägt": Es ist jedoch nicht einzusehen, warum es unabhängig vom Betrachter mehr als eine Verschiebung von Seinsmassen sein sollte, wenn eine solche Vase auf den Boden fällt und in tausend Einzelteile zersplittert – hatte Sartre doch wenige Zeilen zuvor noch erklärt, auch „der Tod gewisser Lebewesen" sei nur dann als „Zerstörung" zu bezeichnen, wenn er „als solche erlebt" werde.[84]

Pierres Abwesenheit

Um seine Überlegung zu verdeutlichen, wählt Sartre ein zweites, diesmal mehr aus dem Leben gegriffenes Beispiel: das Nicht-Antreffen Pierres in einem Café zum verabredeten Zeitpunkt. Ein Mensch betritt das Café und stellt fest: „Pierre ist nicht da." In welchem Sinne gibt es in diesem Fall eine Realität oder „Objektivität" des Nicht-seins? Sartre formuliert die Frage so:

„Gibt es eine Intuition der Abwesenheit Pierres, oder tritt die Negation erst mit dem Urteil auf?"[85]

Das „populäre Bewusstsein" scheint an eine Intuition zu glauben, denn schließlich, so Sartre, höre man im Alltag oft den Satz:

„Ich habe sofort gesehen, dass er nicht da war."[86]

---

[83] ibd. / ebd.

[84] «cette mort ne sera destruction que si elle est vécue comme telle» (Sartre, EN, p.42) / Sartre, SuN, S.57. Zur «Transphänomenalität» des Nicht-seins s.u. S.15.

[85] «Y-a-t-il une intuition de l'absence de Pierre ou bien la négation n'intervient-elle qu'avec le jugement?» (Sartre, EN, p.43) / Sartre, SuN, S.59 (Übersetzung angepasst).

Doch damit gibt sich der Philosoph natürlich nicht zufrieden: Also sieht Sartre genauer hin, was geschieht, wenn wir die Abwesenheit Pierres bemerken.

Auf den ersten Blick ist die ganze Welt eine „Seinsfülle" (*un plein d'être*)[87] aus Gerüchen, Tönen und Farben: Wie kann es unter diesen Umständen überhaupt eine Intuition des Nichts geben? Um dies zu beantworten, ist es nötig, das Verhältnis des Menschen zur Welt näher zu untersuchen. Dieses Verhältnis bezeichnet Sartre an dieser Stelle erstmals als „Wahrnehmung" (*perception*): In dieser Wahrnehmung teilt der Mensch die Welt immer in eine „Form" (*forme*) und einen „Hintergrund" (*fond*). Welcher Teil des Seins dabei als „Form" und welcher als „Hintergrund" erscheint, hängt allein vom Betrachter ab:

> „Kein Objekt, keine Gruppe von Objekten ist speziell bestimmt, sich als Hintergrund oder als Form zu organisieren: alles hängt von der Richtung meiner Aufmerksamkeit ab."[88]

Die Wahrnehmung ist somit nichts anderes als eine Form des bereits erwähnten „Verhältnisses individualisierender Begrenzung", das der Mensch zum Sein unterhält. Dieses wird nun im Folgenden noch einmal erläutert: In dem Moment, in dem ich das Café betrete, in der Erwartung, dort Pierre anzutreffen, richtet sich meine Aufmerksamkeit ausschließlich auf ihn. *Er* (genauer: sein Gesicht) ist die „Form", die ich zu erblicken hoffe. Die gesamte restliche „Seinsfülle", die das Café darstellt, ist lediglich der „Hintergrund" meiner Erwartung. Diese einseitige Aufmerksamkeit für Pierre stellt somit eine „Nichtung" (*néantisation*) des Cafés dar – ein Vorgang, den Sartre in dramatischen Worten zu schildern weiß:

---

[86] «*J'ai tout de suite vu qu'il n'était pas là.*» (ibd.) / ebd.

[87] Sartre, EN, p.44 / ebd.

[88] «*Aucun objet, aucun groupe d'objets n'est spécialement désigné pour s'organiser en fond ou en forme: tout dépend de la direction de mon attention.*» (ibd.) / Sartre, SuN, S.60.

„Jedes Element des Raumes, Person, Tisch, Stuhl, sucht sich zu isolieren, sich von dem durch die Totalität der anderen Gegenstände konstituierten Hintergrund abzuheben und fällt in die Undifferenziertheit dieses Hintergrunds zurück, löst sich in diesem Hintergrund auf. Denn der Hintergrund ist das, was nur mitgesehen wird [*vu par surcroît*], das Objekt einer bloß marginalen Aufmerksamkeit."[89]

Schon diese erste „Nichtung", betont Sartre, ist meiner Intuition gegeben:

„Ich bin Zeuge des sukzessiven Schwindens aller Gegenstände, die ich betrachte, besonders der Gesichter, die mich einen Augenblick festhalten (‚Ob das Pierre ist?') und die sich sofort auflösen, eben weil sie Pierres Gesicht ‚nicht sind'."[90]

Wäre Pierre da, würde ich sein Gesicht irgendwo entdecken, wäre meine „Intuition" endlich durch ein „festes Element" erfüllt, das ganze Café würde sich „um ihn herum (...) organisieren". Da er aber nicht da ist, erfüllt seine Abwesenheit schließlich den ganzen Raum, der weiterhin bloßer Hintergrund bleibt. Es ist das Fehlen der überall gesuchten Form, diese „Anwesenheit einer Abwesenheit"[91], die sich mir als „Nichts" ausweist:

„Diese Form, die sich immer wieder zwischen meinen Blick und die festen, realen Gegenstände des Cafés schiebt, ist gerade ein ständiges Schwinden, sie ist Pierre, der sich vor dem Nichtungshintergrund [*fond de néantisation*] des Cafés als Nichts [*néant*] abhebt."[92]

---

[89] «Chaque élément de la pièce, personne, table, chaise, tente de s'isoler, de s'enlever sur le fond constitué par la totalité des autres objets et retombe dans l'indifférenciation de ce fond, il se dilue dans ce fond. Car le fond est ce qui n'est vu que par surcroît, ce qui est l'objet d'une attention purement marginale.» (ibd.) / ebd.

[90] «Je suis témoin de l'évanouissement successif de tous les objets que je regarde, en particulier des visages, qui me retiennent un instant (‚Si c'était Pierre?') et qui se décomposent aussitôt précisément parce qu'ils ‚ne sont pas' le visage de Pierre.» (ibd.) / ebd. Es fragt sich, ob dieses „sukzessive Schwinden" noch der spontanen Intuition entspricht, wie sie sich in der eingangs zitierten Alltagsäußerung („Ich habe sofort gesehen, dass er nicht da war") ausdrückt.

[91] Danto, S.73.

[92] «cette forme qui se glisse constamment entre mon regard et les objets solides et réels du café, c'est précisément un évanouissement perpétuel, c'est Pierre s'enlevant comme néant sur le fond de néantisation du café.» (Sartre, EN, p.44) / Sartre, SuN, S.61.

Entscheidend ist auch in diesem Fall, dass nur die Intentionalität des Menschen, seine Erwartungshaltung, dieses „Nichts" hervorbringt:

> „Meine Erwartung hat Pierres Abwesenheit geschehen lassen wie ein reales, dieses Café betreffendes Ereignis."[93]

Zwar sind Wellington, Paul Valéry oder auch der Kaiser von China auch nicht im Café anwesend: *sie* habe ich aber auch nicht dort erwartet, sie *will* ich nicht sehen - die Aussagen, die ich über ihre Abwesenheit treffe, sind daher

> „rein abstrakte Bedeutungen, bloße Anwendungen des Negationsprinzips, ohne reale Grundlage oder Wirksamkeit."[94]

Das Nichts kommt also nicht durch ein abstraktes Negationsurteil in das Sein:

> „Vielmehr wird das Negationsurteil durch das Nicht-sein bedingt und erhalten."[95]

Bedingung für die Erfahrung des Nichts ist eine „doppelte Nichtung"[96], die auf der Intentionalität des Menschen beruht: Zunächst muss ich durch meine Aufmerksamkeit für Pierre die „Seinsfülle" des Cafés „nichten", bevor mir seine nicht anwesende Form als „Nichts" erscheinen kann:

> „Der abwesende Pierre *sucht dieses Café heim* und ist die Bedingung für dessen nichtende Anordnung als *Hintergrund*."[97]

---

[93] «mon attente a fait arriver l'absence de Pierre comme un événement réel concernant ce café» (Sartre, EN, p.45) / ebd.

[94] «de pures significations abstraites, de pures applications du principe de négation, sans fondement réel ni efficacité» (Sartre, EN, p.45) / ebd.

[95] «c'est le jugement de négation au contraire qui est conditionné et soutenue par le non-être.» (ibd.) / Sartre, SuN, S.62.

[96] «double néantisation» (Sartre, EN, p.44) / Sartre, SuN, S.61.

[97] «Pierre absent hante ce café et il est la condition de son organisation néantisante en fond.» (Sartre, EN, p.45) / ebd.

Das Beispiel zeigt zudem deutlich, dass es sich bei dem „objektiven Faktum", von dem Sartre auch hier wieder spricht, in der Tat um die „Objektivität" des Phänomens handelt – setzt doch die Abwesenheit Pierres (wie auch die Zerstörung) ein Bewusstsein voraus, das sie „entdeckt" bzw. dem sie sich als solche „darbietet".[98] Außerdem wird nun verständlich, warum Sartre zuvor etwas unvermittelt von einer „Transphänomenalität des Nicht-seins" (analog Transphänomenalität des Seins) gesprochen hat[99]: Das Nichts, die Abwesenheit Pierres, ist für mich ein Aspekt jeder Erscheinung des Cafés – sie „sucht es heim" – und muss als solcher offenbar ebenso auf einer (vom Betrachter unabhängigen) transphänomenalen Grundlage beruhen wie seine anderen Aspekte.[100]

Im Anschluss an diese ausführlichen Beispiele erörtert Sartre noch einmal die formalen Gründe, die für einen Ursprung der Negation im soeben „objektiv" erwiesenen Phänomen des Nichts sprechen. Denn:

> „Wie könnten wir die verneinende Form des Urteils überhaupt begreifen, wenn alles Seinsfülle und Positivität ist?"[101]

Wie kann jemand, der in seinem Portemonnaie 1500 Francs vermutet hatte, dort „nur", d. h. *nicht mehr als* 1300 Francs finden? Zunächst einmal stellt er doch offenbar die Anwesenheit von 1300 anwesenden Francs fest, trifft also ein affirmatives Urteil: Wie kann unter diesen Umständen überhaupt die Negation

---

[98] s. ibd. / Sartre, SuN, S.62.

[99] s. Sartre, EN, p.43 / Sartre, SuN, S.59

[100] s. Sartre, EN, p.16 / Sartre, SuN, S.16.

[101] *«Comment pourrions-nous même concevoir la forme négative du jugement si tout est plénitude d'être et positivité?»* (Sartre, EN, p.45) / Sartre, SuN, S.62.

ins Spiel kommen? Wird sie als eine „tatsächlich im Geist existierende Kategorie (...) plötzlich ausgelöst"?[102] Sartre erscheint dies nicht plausibel:

> „Wenn die vorhergegangenen Urteile Tatsachenfeststellungen sind wie die, die wir als Beispiel benutzt haben, muss die Negation wie eine freie Erfindung sein, muss sie uns von dieser Mauer der Positivität losreißen, die uns umschließt: Sie ist eine plötzliche Unterbrechung, die auf keinen Fall aus den vorhergehenden Affirmationen resultieren kann, ein originales und unreduzierbares Ereignis."[103]

Da die Negation ein „Ereignis" ist, eine „plötzliche intuitive Entdeckung", kann sie auch nicht das Bewusstsein „bewohnen" und sich dort aufhalten wie ein „Ding". Also muss seine Ursache außerhalb des Bewusstseins liegen - und diese kann nicht jene „Mauer der Positivität" sein, die das Sein darstellt:

> „Vom Sein wird man niemals die Negation ableiten. Die notwendige Bedingung dafür, dass es möglich ist *nein* zu sagen, ist, dass das Nicht-sein eine ständige Anwesenheit ist, in uns und außer uns, dass das Nichts das Sein *heimsucht*."[104]

Ohne dieses Nichts gäbe es nicht nur kein „nein", sondern noch nicht einmal die Möglichkeit einer Frage. Im weiteren Verlauf der Untersuchung sucht Sartre nun, den Ursprung des Nichts aufzudecken. In seinen Überlegungen zur Negation scheint schon auf, wo er diesen Ursprung verorten wird: Es ist der Mensch selbst. Er ist „das Sein, durch das das Nichts in die Welt kommt". Das Sein, dem es in seinem Sein „um sein Sein" geht, entpuppt sich als ein Sein,

---

[102] s. ibd. / ebd.

[103] «Si les jugements antérieurs sont des constatations de fait, comme celles que nous avons prises en exemple, il faut que la négation soit comme une invention libre, il faut qu'elle nous arrache à ce mur de positivité qui nous enserre: c'est une brusque solution de continuité qui ne peut en aucun cas résulter des affirmations antérieures, un événement original et irréductible.» (Sartre, EN, p.45f) / Sartre, SuN, S.62f.

[104] «De l'être on ne dérivera jamais la négation. La condition nécessaire pour qu'il soit possible de dire non, c'est que le non-être soit une présence perpétuelle, en nous et en dehors de nous, c'est que le néant hante l'être.» (Sartre, EN, p.46) / Sartre, SuN, S.62.

dem es zugleich „um das Nichts seines Seins geht".[105] Die Freiheit des Menschen beruht darauf, dass er ein Nichts „absondert", das ihn „isoliert".[106] So gibt es auch buchstäblich *nichts* - insbesondere kein Ereignis in der Vergangenheit -, was sein Handeln bestimmt: Für das Bewusstsein ist jeder Augenblick eine „Schöpfung aus dem Nichts".[107]

---

[105] s. Sartre, EN, p.57 / Sartre, SuN, S.81.

[106] s. Sartre, EN, p.59 / Sartre, SuN, S.84.

[107] Dies hatte Sartre schon in seiner frühen Studie über *Die Tranzendenz des Ego* herausgearbeitet: «*La conscience transcendantale (...) se détermine à l'existence à chaque instant, sans qu'on puisse rien concevoir avant elle. Ainsi chaque instant de notre vie consciente nous révèle une création ex nihilo.*» (Sartre, Jean-Paul: *La transcendance de l'Ego*, Paris 1978, p.79.)

Kommentar

Das Nachdenken über das Nichts beginnt nicht mit Sartre. Schon Platon sah sich gezwungen in seinem Dialog *Der Sophist* das Nicht-sein (το μη ov) im Sinne von „Nicht-ein-anderes-sein" in den Kreis der Ideen aufzunehmen, da anderenfalls die zur Unterscheidung zwischen dem einen und dem anderen Seienden notwendige Differenz im Sein nicht zu denken wäre:

> „Dabei ist dieser Gegensatz, wenn man das so sagen darf, genauso Sein wie das Seiende selbst; er meint ja nicht das Gegenteil von jenem, sondern nur so viel, dass er ihm selbst gegenüber ein anderes ist. (...) Wie das Große groß war, das Schöne schön, das Nicht-Große nichtgroß und das Nicht-Schöne nichtschön, genau so war und ist auch das Nichtseiende nichtseiend, als eine Idee unter das viele Seiende mitzuzählen."[108]

Das Nichts als absoluter Gegensatz zum Sein, als „vollständige Verneinung der Allheit des Seienden"[109], war dagegen auch für den späten Platon undenkbar:

> „Siehst du also jetzt ein, dass es unmöglich ist, für das schlechthin und als solches Nichtseiende (το μη ον αυτο καθ'αυτο) sinnvolle Worte zu finden, über es sinnvoll zu reden oder auch nur nachzudenken? Es ist vielmehr undenkbar und unsagbar, unaussprechbar und unerklärlich."[110]

In *Das Sein und das Nichts* spricht Sartre zunächst ebenfalls nur von dem relativen Nicht-sein Platons - allerdings nicht im Sinne einer abstrakten Idee, sondern als einer Grunderfahrung des Bewusstseins, das sich selbst primär in der

---

[108] „Ἡ (...) αντιθεσις ουδεν ηττον, ει θεμις ειπειν, αυτου του οντος ουσια εστιν, ουκ εναντιον εκεινω σημαινουσα αλλα τοσουτον μονον ετερον εκεινου. (...) ωσπερ το μεγα ην μεγα και το καλον ην καλον και το μη μεγα [μη μεγα] και το μη καλον [μη καλον], ουτω δε και το μη ον κατα ταυτον ην τε και εστι μη ον, εναριθμον των πολλων οντων ειδος ην; (Plat.Soph.258bc, zit. nach: Platon: ΣΟΦΙΣΤΗΣ / *Der Sophist*, gr./dt., übers. u. hg. v. Helmut Meinhardt, Stuttgart 1990).

[109] Heidegger, *Metaphysik*, S.32.

[110] „Συννοεις ουν ως ουτε φθεγξασθαι δυνατον ορθως ουτ'ειπειν ουτε διανοηθηναι το μη ον αυτο καθ'αυτο, αλλ'εστιν αδιανοητον τε και αρρητον και αφθεγκτον και αλογον;" (Plat.Soph.238c).

Weise erlebt, nicht der „andere" zu sein.[111] Im Rahmen seiner Überlegungen zum Ursprung der Negation scheint er dann jedoch auf den anderen, absoluten Typ des Nichts zu stoßen. Dieser zeigt sich in seiner Leere insbesondere am Beispiel der Abwesenheit Pierres, in der sich das Nichts gleichsam als Gegenstand des Bewusstseins, als „objektives" Phänomen erweist.

Unter den Denkern der Antike war es vor allem Augustinus, der sich über das Nichts im absoluten Sinn Gedanken gemacht hat. Seine Lösung war derjenigen Sartres nicht unähnlich. In seinem sprachphilosophischen Dialog *De magistro* kommt er auf die Bedeutung des Wortes „nichts" (*nihil*) zu sprechen:

> „Wir können doch wohl sagen, durch dieses Wort werde weniger die Sache selbst, die keine ist, bezeichnet als vielmehr eine bestimmte Denkweise [*affectio animi*], wenn der Geist eine Sache nicht sieht und dennoch auf ihr Nicht-Sein gestoßen ist oder glaubt darauf gestoßen zu sein."[112]

Da ein Wort im Rahmen der zuvor erörterten Theorie[113] immer ein Zeichen für „etwas" (*aliquid*) ist, muss auch das Wort „nichts" in seinem absoluten Sinn eine wie auch immer geartete Realität bezeichnen. Augustinus beschreibt diese ähnlich wie Sartre als eine *affectio animi*, die sich dann einstellt, wenn der Geist eine gesuchte Sache nicht sieht und so auf ihr Nicht-sein stößt. Entscheidend ist auch hier der Bezug des Menschen zur Welt, konkret: eine bestimmte Erwartung, die der Mensch an die Welt heranträgt, und die für ihn in diesem Moment „alles" ist. Wird diese Erwartung enttäuscht, führt sie zur Erfahrung des „Nichts". Da dies im Alltag recht häufig vorkommt braucht es für Sartre auch

---

[111] s.o., S.5.

[112] «*An affectionem animi quandam, cum rem non videt et tamen non esse invenit aut invenisse se putat, hoc verbo significari dicimus potius quam rem ipsam, quae nulla est?*» (Aug.De.mag.2.3, zit. nach: Augustinus: *De magistro / Über den Lehrer*, lat./dt., übers. u. hg. v. Burkhard Mojsisch, Stuttgart 1998).

[113] Diese Zeichentheorie wird von Augustinus im zweiten Teil des Dialogs wieder verworfen.

keine „ausgezeichnete Erschlossenheit des Daseins"[114] in der Angst, um dem Menschen die Bedeutung des Nichts zu offenbaren – sie ist ihm aus der täglichen Erfahrung bekannt:

> „Ein Kind kennt sie, wenn es die Bedeutung der Enttäuschung kennt: Es wird mit dieser Vorstellung vertraut, sobald es sprechen lernt."[115]

In dieser Hinsicht ist Sartre durchaus recht zu geben. Er hätte statt Pierre in der Tat genauso gut Marie-Jeanne oder einen Kakadu in dem Café suchen können, um auf das Nichts zu stoßen. Entscheidend ist nur, dass er ihre Anwesenheit in diesem Café *erwartet* hatte: Durch die Erwartungshaltung des Menschen kommt das Nichts in die Welt, ansonsten bleibt es bei einer abstrakten Negation.

Zugleich macht Sartres Darstellung allerdings deutlich, dass mit dem Wort „nichts" im Alltag in der Tat nie die Allheit des Seienden verneint wird, sondern lediglich ein bestimmter Ausschnitt derselben[116]: Welcher Ausschnitt dies ist, geht aus dem Verwendungskontext in der Regel eindeutig hervor. Dass es in der Sprache nie um die Dinge selbst, sondern um das Verhältnis des Menschen zu ihnen geht, zeigen auch andere Beispiele, wie etwa das Wort „leer": In der Alltagssprache ist ein Glas dann „leer", wenn es nicht die Flüssigkeit enthält, die ich darin erwarte. Es ist aber nicht im absoluten Sinn „leer", da zumindest noch Luft darin ist.[117] In dieser Hinsicht ist das Wort „nichts" auch für

---

[114] s. Heidegger, *Sein und Zeit*, S.184-191.

[115] Danto, S.74

[116] In den meisten Sprachen liegt der absolute Sinn von „nichts" allerdings schon etymologisch nahe: vgl. dt. *„nicht etwas"*, frz. *„nullam rem"*, engl. *„no thing"* usw.

[117] Im Finnischen bezeichnet das Wort *tyhjyys* (dt: „Leere") zugleich auch das „Nichts". Trotz dieser offensichtlichen Analogie hat die Frage „Was ist ein Vakuum?" Philosophen und Sprachanalytiker bis jetzt scheinbar wenig umgetrieben.

Sprachanalytiker wie Rudolf Carnap gerade noch akzeptabel - wenngleich es zu jenen Unzulänglichkeiten gehört, die in einer formallogisch „korrekt" aufgebauten Sprache auszuschalten wären.[118] Problematisch wird es erst, wenn aus dem „Nichts" ein Substantiv wird, das eine bestimmte Realität bezeichnen soll.

Sartre freilich geht es in seiner Philosophie ausdrücklich nicht um „die Realität der Sache" sondern um die „Objektivität des Phänomens".[119] Diese – falls sie je zweifelhaft war – hat er mit seinen Ausführungen in *Das Sein und das Nichts* eindrucksvoll nachgewiesen. Allerdings existiert das Nichts nicht etwa „losgelöst vom Sein, sondern nur in dialektischer Verknüpfung mit ihm"[120]. Darüber hinaus ist das Nichts ist für Sartre nur insofern interessant, als es die menschliche Freiheit ermöglicht: Sie ist das „zentrale Problem seines Denkens"[121]. Die Freiheit aber offenbart sich in der Angst (*angoisse*), in der sich der Mensch darüber klar wird, dass er selbst der „erste Ursprung"[122] seines Möglichen ist – dass es also in der Tat *nichts* gibt, was ihn zu einer bestimmten Handlung zwingen würde.

---

[118] s. Carnap, Rudolf: *Überwindung der Metaphysik durch logische Analyse der Sprache*, in: Carnap, Rudolf u. Reichenbach, Hans (Hg.): *Erkenntnis*, Leipzig 1931, S.228.

[119] s. Sartre, EN, p.13 / Sartre, SuN, S.

[120] Holz, Hans Heinz: *Jean Paul Sartre. Darstellung und Kritik seiner Philosophie*, Meisenheim 1951, S.49. Vgl. Heidegger, *Metaphysik*, S.38: „Das Nichts kommt weder für sich vor noch neben dem Seienden, dem es sich gleichsam anhängt. (...) Das Nichts gibt nicht erst den Gegenbegriff zum Seienden her, sondern gehört ursprünglich zum Wesen selbst. Im Sein des Seienden geschieht das Nichten des Nichts."

[121] Holz, S.51.

[122] Danto, S.

Schluss

Dass Freiheit nur negativ erfahrbar ist – nämlich in dem Bewusstsein, „durch keine äußeren Gründe zum Handeln bestimmt zu werden" – war schon Kant bewusst. Wenn Sartre zu ihrer Begründung das „Nichts" bemüht, dann sicher auch deswegen weil die Aufspaltung der Vernunft in einen praktischen und einen theoretischen Teil die Freiheit gegenüber dem im nächsten Jahrhundert folgenden Ansturm der empirischen Wissenschaften letztlich in einer prekären (weil unbegründeten) Situation gelassen hatte. Sartre bemüht sich nun um den Nachweis, dass diese Unbegründetheit der Freiheit einen ontologischen Grund hat: Seine Lösung beruht auf der Ausschaltung der Naturwissenschaft durch die Konzentration auf die „absolute Selbstgegebenheit"[123] des Phänomens. Hier erweist sich das Nichts – und mit ihm die Freiheit - als „objektive Tatsache".

Allerdings ist dieses Nichts in Wahrheit kein „absolutes".[124] Vielmehr handelt es sich um eine Differenz im Sein, einen Riss in der „Mauer der Positivität", die Sartre so eindrücklich beschreibt: Es ist das „begrenzende Nicht-sein" (*non-être de limitation*)[125], das μη ov Platons, das die Voraussetzung dafür bildet, dass sich dem Bewusstsein „zwei gleichermaßen objektive und kontradiktorische Mög-lichkeiten"[126] darbieten, nach denen es fragen bzw. zwischen denen es

---

[123] Husserl, S.51.

[124] Das einzig denkbare „absolute" Nichts ist der Tod, der sich dem Dasein in der Angst als „das Nichts der möglichen Unmöglichkeit seiner Existenz" (Heidegger, *Sein und Zeit*, S.266) ausweist. Allerdings verhält es sich mit diesem „Nichts" wie mit dem Nichts, aus dem Gott nach Augustinus einst die Welt erschuf: Es ist die begriffliche Markierung eine Grenze, über die hinaus zu fragen schlechthin sinnlos ist.

[125] s.o. S.8.

[126] s.o. S.7.

wählen kann. Außerdem muss das Bewusstsein selbst in einer Distanz zur Welt stehen, um gewissermaßen auf diesen Riss blicken zu können:

> „So bewirkt das Auftauchen des Menschen im Milieu des Seins, das ihn ‚umschließt', dass sich ihm eine Welt darbietet."[127]

Insofern sich der Weltbezug des Bewusstseins auch als „eine Art von Zeigen auf seine Objekte" verstehen lässt, besteht durchaus Anlass zu der Vermutung,

> „dass der ganze hochfliegende Begriffsapparat des ‚Nichts' in Sartres Denken nichts weiter als ein Kunstgriff ist, um die Distanz zwischen Zeichen und Objekt auszudrücken: Bewusstsein ist *von* einem Objekt, von dem es unterschieden ist."[128]

Diese Differenz zwischen mir und der Welt (und *in* der Welt) ist nötig, damit ich Pierre im Café als abwesend erfahren kann. Sie ist aber auch hinreichend, denn der Mensch unterhält zu bestimmten Teilen des Seins eine so intensive Beziehung, dass diese Differenz sich ihm mitunter in ihrer ganzen Reinheit, gleichsam „absolut" darbietet. Sartre legt in seinem Beispiel großen Wert darauf, dass das Bewusstsein das Sein Pierres nicht als eine bloß abstrakte Möglichkeit setzt: Es *erwartet* ihn – *ihn* und sonst *nichts*. Die Tatsache aber, dass alles, was ich sehe, *nicht* der erwartete Pierre ist, lässt mich diese Differenz zu ihm als absolute erfahren. Je intensiver meine Beziehung zu Pierre ist, sei sie durch Zuneigung oder Abneigung gekennzeichnet, desto deutlicher werde ich auch das Nichts empfinden, das seine Abwesenheit in mir hervorruft.

Sartres paradoxe Feststellung, nach der es dem Menschen in seinem Sein einerseits „um sein Sein", andererseits „um das Nichts seines Seins geht"[129],

---

[127] Sartre, EN, p. / Sartre, SuN, S.83. Vgl. Heidegger, *Metaphysik*, S.38: „Das Nichts ist die Ermöglichung der Offenbarkeit des Seienden als eines solchen für das menschliche Dasein."

[128] Danto, S.101.

[129] s.o. S.16.

könnte man wohl auch so ausdrücken: *Der Mensch ist ein Sein, dem es in seinem Sein um sein Anders-sein geht.* Denn da das Bewusstsein immer „außerhalb seiner selbst" ist, ist es „für sich" notwendigerweise immer ein anderes.[130] Ein weiteres kommt hinzu: Der Mensch ist ein Sein, das sein Anderssein nicht nur erkennt, sondern auch *empfindet*. Er ist dasjenige Sein, das unter dem Riss im Sein leidet – und das deshalb ein anderes Seiendes „herbeisehnen" kann. In der komplexen, geheimnisvollen Beziehung des Menschen zu seinem Selbst und zum Sein um ihn herum liegt letztlich auch das Geheimnis des Nichts begründet.

---

[130] s.o. S.5.

Literaturverzeichnis:

Augustinus: *De magistro / Über den Lehrer*, lat./dt., übers. u. hg. v. Burkhard Mojsisch, Stuttgart 1998.

Carnap, Rudolf: *Überwindung der Metaphysik durch logische Analyse der Sprache*, in: Carnap, Rudolf u. Reichenbach, Hans (Hg.): *Erkenntnis*, Leipzig 1931, S.219-241.

Danto, Arthur C.: *Sartre*, übers. v. Ulrich Enzensberger, Göttingen 1993.

Heidegger, Martin: *Einführung in die Metaphysik*, Tübingen 1953.

Heidegger, Martin: *Was ist Metaphysik?*, 15. Auflage, Frankfurt a.M. 1998.

Heidegger, Martin: *Sein und Zeit*, 18. Auflage, Tübingen 2001.

Holz, Hans Heinz: *Jean Paul Sartre. Darstellung und Kritik seiner Philosophie*, Meisenheim 1951.

Husserl, Edmund: *Die Idee der Phänomenologie*, Hamburg 1986.

Platon: $\Sigma O\Phi I\Sigma TH\Sigma$ / *Der Sophist*, gr./dt., übers. u. hg. v. Helmut Meinhardt, Stuttgart 1990.

Sartre, Jean-Paul: *La transcendance de l'Ego*, Paris 1978.

Sartre, Jean-Paul: *Das Sein und das Nichts. Versuch einer phänomenologischen Ontologie*, übers. v. Hans Schöneberg u. Traugott König, Reinbek 1991.

Sartre, Jean-Paul: *L'être et le néant. Essai d'ontologie phénoménologique*, Paris 2001.

Agnes Uken (2001): Die existentialistische Begründung der Freiheit in Jean-Paul Sartres Werk "Das Sein und das Nichts". Existentialismus und Freiheit

Einleitung

In dem Vortrag *Der Existentialismus ist ein Humanismus* stellt Sartre die Grundzüge seiner Philosophie dar und beschreibt den Menschen als dazu verurteilt, frei zu sein. Diese negative Ausdrucksweise betont bereits dass die Freiheit für Sartre nicht nur als ein Geschenk, sondern in erster Linie als eine Bürde verstanden wird, denn der Mensch kann sich aus seiner Verantwortlichkeit für sein Tun nicht mit dem Verweis auf eine bestimmte Natur des Menschen herausreden. Erst durch seine totale Freiheit schafft der Mensch sich selbst und damit zugleich ein bestimmtes Bild vom Menschen: *„der Mensch ist in jedem Augenblick, ohne Halt und Hilfe, dazu verurteilt, den Menschen zu erfinden"*[131]. Für den Existentialismus gibt es keinen Gott, der den Menschen nach einem bestimmten Bild entworfen hat, es gibt somit kein von Gott erdachtes Wesen des Menschen. Der Mensch existiert zunächst und ist selbst in der Verantwortung, den Menschen zu entwerfen. Die Freiheit ist für Sartre an nichts Bestimmtes gebunden, der Mensch ist völlig frei und zu nichts verpflichtet, *„denn wir befinden uns ja auf einer Ebene, wo es nichts gibt außer den Menschen"*[132].

Ferner führt Sartre aus, dass jede individuelle Handlung[133] damit Bedeutung für die gesamte Menschheit hat, denn mit ihr kommt eine neue Handlungsmöglichkeit in die Welt: *„bei jeder unserer Taten geht es um den Sinn der Welt und den Platz des Menschen im Universum; selbst wenn wir es nicht*

---

[131] Der Existentialismus ist ein Humanismus S.125 (Im Folgenden abgekürzt mit „EH")

[132] EH S. 124 Aus diesem Grunde lässt sich aus der Philosophie Sartres eine Ethik nicht problemlos ableiten.

[133] Der Mensch ist somit im Existentialismus durch sein Handeln bestimmt.

wollen, schaffen wir durch jede unserer Taten eine allgemeine Werteskala".[134] Damit weist Sartre jene Auffassungen zurück, die davon ausgehen, es gäbe existierende apriorische Werte, wie das Gute. Mit der Aufgabe der Gottesidee ist zugleich die Möglichkeit verloren, Werte in einem intelligiblen Himmel[135] zu finden: der Mensch ist somit verlassen und auf sich allein gestellt.

In dieser Arbeit soll der von Sartre in seinem philosophischen Hauptwerk *Das Sein und das Nichts* versuchten ontologischen Begründung der Freiheit nachgegangen werden, also der Frage, was Sartre damit meint, wenn er davon spricht, der Mensch *ist* Freiheit, denn Freiheit wird bei Sartre gerade nicht als eine menschliche Eigenschaft gedacht, sondern als in der ontologischen Struktur des Menschen begründet.[136]

Der erste Teil der Arbeit wird sich mit den von Sartre aufgefundenen Seinsformen des An-sich und des Für-sich und deren synthetischem Verhältnis beschäftigen, das Sartre anlehnend an Heidegger als „In-der-Welt-sein" bzw. als „Konkretes"[137] bezeichnet. Es soll gezeigt werden, dass das Konkrete seine Grundlage jeweils im transphänomenalen Grund beider Seinsformen hat, zum einen im Sein des Bewusstseins, also im Für-sich und zum anderen im Sein des

---

[134] Zum Existentialismus – Eine Klarstellung; in Jean-Paul Sartre: Philosophische Schriften Band 4; S. 95 (Im Folgenden abgekürzt mit „ZE")

[135] Sartre weist Auffassungen zurück, die davon ausgehen, es gäbe eine eigenständige, vom Subjekt unabhängige Seinsregion in der allgemeingültige Werte angesiedelt seien, die der Mensch über die Vernunft lediglich zu erkennen habe.

[136] Aus diesem Grund beginnt Sartre sein Werk mit einer ontologischen Untersuchung, die er ausgehend vom Bewusstsein, dass bei Sartre immer Bewusstsein *von* etwas ist, vornimmt.

[137] „Das Konkrete kann nur die synthetische Totalität sein, von der das Bewusstsein, wie auch das Phänomen lediglich Momente bilden." Das Sein und das Nichts S. 50 (Im Folgenden abgekürzt mit „SN")

Objekts, also im An-sich. Letztlich geht es somit um die Beziehung des Menschen zur Welt, dabei soll im Hinblick auf die, von Sartre proklamierte unbedingte Freiheit, die Bedeutung der, das Nichts in sich enthaltenden Grundstruktur des menschlichen Seins herausgestellt werden.

Im zweiten Teil der Arbeit soll dann konkret auf das erste Kapitel des vierten Teils von *Das Sein und das Nichts*, das sich mit dem Handeln als einer der Hauptkategorien der menschlichen Realität beschäftigt, eingegangen werden. Dabei sollen, ausgehend von der Freiheit als der ersten Bedingung des Handelns, Begriffe, wie Antrieb, Motiv und Zweck aufgegriffen und in ihrer Bedeutung für den Sartreschen Handlungsbegriff dargestellt werden. Dabei wird sich herausstellen, dass die im ersten Teil der Arbeit dargestellte Seinsstruktur des Menschen es ermöglicht, den Menschen als frei zu denken.

Formen des Seins

Das Sein des An-sich

Als An-sich bezeichnet Sartre die Dinge um uns herum, den Tisch, den Baum etc., diese Dinge sind genau das, was sie sind und wie sie sind, sie sind volle Positivität. Sie sind damit zugleich unfähig, sich zu sich selbst zu verhalten, denn da sie mit sich identisch sind, fehlt ihnen die dazu nötige Möglichkeit der Distanznahme. Diese Dinge besitzen nach Sartre An-sich-sein, d. h. sie stellen sich nicht in Frage, sondern *sind* einfach. *„Das An-sich ist von sich selbst voll, und man kann sich keine totalere Fülle, keine vollkommenere Adäquation von Enthaltenem und Enthaltendem vorstellen: es gibt nicht die geringste Leere im Sein, den kleinsten Riss, durch den das Nichts hineingleiten könnte."*[138] Somit kann man sagen, der Tisch ist der Tisch bzw. die Seinsdichte des Tisches ist unendlich. Ohne ein wahrnehmendes Bewusstsein sind die Dinge einfach, was sie sind. Taucht aber ein Bewusstsein auf, ändert sich etwas in der Welt, denn die Dinge erscheinen plötzlich *für* ein Bewusstsein als schön, farbig, duftend, störend etc. Erst mit dem Bewusstsein gibt es auch Unterscheidungen zwischen den Dingen, denn wo vorher ein voller „Seinsklumpen" war, also etwas, das keinen Bezug zu dem unterhält, was es nicht ist, kommt mit dem Auftauchen des Bewusstseins Differenzierung in die Welt. Dieses Bewusstsein kommt nun der anderen von Sartre dargestellten Seinsform des Für-sich zu, um die es ihm eigentlich geht. Aus diesem Grunde hat er dem An-sich-sein auch kein eigenes Kapitel in seinem Werk gewidmet, sondern er hebt es nur zum besseren Verständnis des Für-sich von diesem ab, um es im Gegensatz dazu zu definieren als das Sein, das das ist, was es nicht ist.

---

[138] SN S. 165

Das Sein des Für-sich

Das Für-sich ist die Form des Seins, die den Menschen kennzeichnet: das Für-sich ist gerade nicht mit sich identisch, sondern zeichnet sich durch einen Abstand von sich aus. Das Für-sich verlangt nach einer Begründung für seine Existenz, es stellt sie in Frage, es *ist* nicht einfach, sondern es denkt über sein Sein nach. Sartre selbst stellt die Frage, wie denn das Für-sich und mit ihm der Mensch in die Welt gekommen sind, weist sie aber zugleich zurück, da sie für ihn in den Bereich der Metaphysik gehört, also in jenen Bereich, der sich mit den über die einzelnen Naturerscheinungen hinaus gehenden Fragen des Seins beschäftigt, indem nach den letzten Zwecken und Gründen allen Seins und Geschehens gefragt wird. Sartres Vorgehen ist aber streng phänomenologisch-ontologisch. Aus diesem Grund stellt er zunächst fest, dass es zwei Formen des Seins gibt, das An-sich und das Für-sich. Für ihn ist die einzig die Möglichkeit des Auftauchens des Für-sich aus dem An-sich denkbar, denn das Nichts, das das Für-sich in sich trägt, kann nur von Seiendem her kommen. Damit hat Sartre dem An-sich ontologischen Vorrang vor dem Für-sich eingeräumt. Ontologisch betrachtet stellt Sartre sich den Übergang vom An-sich zum Für-sich so vor, dass das in sich ruhende An-sich mit seinem kontingenten, d. h. unbegründeten Dasein nicht mehr zufrieden ist und wissen will, warum und wozu es ist. Man kann sich dies wie ein Aufwachen vorstellen, einem plötzlichen Erscheinen von Bewusstsein, einem Wechsel von einem Zustand in den anderen.[139] Dies ist aber nur möglich, wenn es sich selbst betrachten, also zu sich in Distanz treten kann. Es muss also ein Abstand hergestellt werden. Um diesen Abstand zu realisieren,

---

[139] Denn das Auftauchen des Bewusstseins darf nicht als ein Werden verstanden werden, denn dann ginge das Bewusstsein ja seiner eigenen Existenz voraus und bestimmte sich zum Sein. Das Bewusstsein ist aber nicht möglich, bevor es *ist* und es kann nach Sartre auch nicht als ein Halb-Unbewusstes verstanden werden, das sich dann zum Bewusstsein motiviert.

nimmt nun das An-sich nach Sartre das Nichts in sich auf, als einen Riss im vormals vollen Seienden. *Wenn wir aber jetzt fragen, was trennt das Subjekt von ihm selbst, so müssen wir gestehen, dass es* nichts *ist.*"[140] Durch die Aufnahme des Nichts ist ein Abstand ins Sein gekommen, das heißt, eine *„Dualität, die Einheit ist, eine Spiegelung, die ihr eigenes Reflektieren ist"*[141]. Damit hat das in voller Positivität in sich ruhende An-sich nach Sartre seinen Zustand verschlechtert, da es zwar nun Bewusstsein erhalten hat, aber seine makellose Positivität verloren, die es nun vergeblich versucht, zurück zu erobern.[142] Das Für-sich verwandelt sich so von reiner Positivität des An-sich in eine „Negiertheit", in ein Für-sich, welches das Nichts in sich enthält. Dieser Prozess der Selbstbegründung, also der Frage nach dem Warum des Seins, ist somit mit einem Bruch des Identischseins des An-sich, einem Abstandnehmen des Seins sich selbst gegenüber verbunden und ist zugleich das Erscheinen der Anwesenheit bei sich oder des Bewusstseins.[143] Es ist also mit dem Auftauchen des Für-sich etwas ganz neues in die Welt gekommen. Unklar bleibt allerdings, woher das An-sich als volles in sich ruhendes Sein den Antrieb nehmen sollte, in einen anderen Seinszustand überzugehen, aber diese Fragen stellt Sartre nicht

---

[140] SN S. 170

[141] SN S. 168

[142] Das Für-sich will das volle Sein des An-sich zurückerobern, aber ohne auf das Fürsichsein zu verzichten, d.h. es strebt eine synthetische Verbindung beider Seinsformen, das Anundfürsichsein an. Nach Sartre ist das Hauptanliegen des Menschen sein Ansichsein zurückzuerlangen, also volles Sein zu sein, aber zugleich Begründung und Grundlage seiner Existenz zu sein. Er will nämlich sein Fürsichsein nicht aufgeben, sondern Anundfürsich sein. Sartre spricht davon, dass der Mensch wie Gott sein wolle, d.h. er will Ursache seiner selbst werden. Das Sein aus An-sich und Für-sich zusammengesetzt erscheint somit als das ideale Sein, dessen An-sich vom Für-sich begründet wird und zugleich mit dem durch das es begründet wird identisch ist, also eine ens causa sui.

[143] vgl. SN S.1059

mehr, da sie über eine ontologische Untersuchung hinaus gehen und in den Bereich der Metaphysik gehören.

Das präreflexive Bewusstsein

Das Bewusstsein taucht also nach Sartre innerhalb des Seins auf. Sartre weist nun aber jene Auffassungen zurück, die Bewusstsein auf Erkenntnis reduzieren, da für ihn jedes objektsetzende Bewusstsein gleichzeitig nicht-setzendes Bewusstsein von sich selbst ist.

Bewusstsein und Erkenntnis müssen somit auseinandergehalten werden, da es zwei radikal unterschiedliche Phänomene sind. Sartre will nachweisen, dass das Sein der Dinge unabhängig vom Bewusstsein existiert, also dass weder das Sein der Dinge auf ihr Erkanntsein reduzierbar ist, noch dass das Bewusstsein das Sein der Dinge begründet.

Das Sein des Phänomens, das sich dem Bewusstsein zur Erkenntnis darbietet, hat selbst ein Sein, es geht nicht in seinem Erscheinen auf, es ist mehr als das, aber nicht im Sinne des kantischen Ding-an-sich[144]. Sartre vermeidet damit alles Sein auf Erkenntnis zu reduzieren, denn dann wäre das Sein der Gegenstände nur ihr Erscheinen, sie hätten Existenz nur, wenn sie jemandem erscheinen, und

---

[144] Sartre weist mit seinem Ansatz unter anderem den Dualismus Kants zurück, der in der Auffassung besteht, von einem 'Ding an sich' hinter den Erscheinungen auszugehen. Das Sein des Existierenden ist nach Sartre genau das, was erscheint, es gibt keine noumenale Realität mehr, auf die die Erscheinung verweist und die das eigentliche Sein dessen, was erscheint, ausmacht. Die einzelne Erscheinung verweist auf eine unendliche Zahl von möglichen anderen Erscheinungen, da ja jeder Gegenstand aus verschiedenen Perspektiven, Lichtverhältnissen, Umgebungen etc. betrachtet werden kann. Die Objektivität des Phänomens ist somit auf einen infiniten Regress gegründet, da ja auch die erste Erscheinung die Möglichkeit hat, wieder zu erscheinen. Dennoch ist die Erscheinung nicht völlig unabhängig, denn Erscheinen „*setzt seinem Wesen nach jemanden voraus, dem etwas erscheint*" Aber die Erscheinung hat ihre Realität nicht nur in unserem Bewusstsein, sie ist auch an sich da. „*Ein Tisch ist nicht* im *Bewusstsein, selbst nicht als Vorstellung. Ein Tisch ist* im *Raum, neben dem Fenster etc.*"

man stünde vor dem Problem zu erklären, was dann das Sein des Gegenstandes ausmacht, der erkannt wird. Hier wird Sartres Programm des Versuchs einer phänomenologischen Ontologie deutlich, denn es geht ihm nicht nur darum, zu zeigen, wie die Gegenstände dem Bewusstsein erscheinen, also die Frage nach den Strukturen unseres Bewusstseins, nach denen wir Erfahrungen ordnen zu klären, sondern er will darüber hinaus den ontologischen Status dessen was uns erscheint untersuchen.

Mit dem Erfassen des Seinsphänomens erreichen wir nie das Sein des Phänomens selbst, denn die beiden Bereiche sind radikal verschieden. Das Sein begleitet allerdings alle Erscheinungen eines Dinges, es ist in jeder Erscheinung gleich enthalten, dennoch enthüllt es sich nicht. *Wenn ich dieses Buch aus einer Laune in kleine Stücke zerschneide, wird es ebensoviel Sein in jedem der Stücke geben wie in dem Buch. Wenn ich ihm eine andere Form gebe, indem ich es verbrenne oder es kürze, es wird immer ebensoviel Sein in jeder dieser Manifestationen geben. Eine Teilung ins Unendliche oder eine Umformung wird mir das Buch weder mehr enthüllen noch verhüllen.*"[145] Somit ist jedes Sein nur als Phänomen erfassbar, dem aber ein Sein zu Grunde liegen muss, das sich nicht auf sein Erscheinen oder Erkanntsein reduzieren lässt.[146] Deshalb muss nach Sartre das Sein ontologisch vor dem Erkennen liegen. Sartre sagt: *„Die*

---

[145] Jean-Paul Sartre: Philosophische Schriften Band 4; Selbstbewußtsein und Selbsterkenntnis S. 228 (Im Folgenden abgekürzt mit „BE")

[146] Es scheint hier so als hätte Sartre an dieser Stelle wieder eine Dualität ähnlich der kantischen Unterscheidung von Ding an sich und Erscheinung, die er ja gerade vermeiden wollte, wieder eingeführt, dadurch dass es jetzt einen von uns unabhängigen Gegenstand (Sein des Phänomens) gibt und einen uns erscheinenden Gegenstand (Seinsphänomen). Aber, für Sartre gibt es Transzendenz nicht mehr wie bei Kant als Verweis auf eine unerreichbare andere Welt, sondern als an den konkreten Gegenständen sich ausdrückender Verweis auf eine unendliche mögliche Reihe weiterer Erscheinungen. Sartres phänomenologische Methode hat somit die Vorstellung prinzipiell unzugänglicher Realitäten beseitigt und das Seiende auf eine Reihe von Gegebenheiten beschränkt.

Realität dieser Tasse besteht darin, dass sie da ist und das sie Ich nicht ist." Sartre betont damit die Transzendenz des Bewusstseins, denn das Bewusstsein des Menschen ist immer Bewusstsein von etwas, dabei sind die Gegenstände nicht Inhalt des Bewusstseins, sondern sie sind Gegenstände in der Welt. Das heißt, es muss etwas existieren, auf das sich das Bewusstsein beziehen kann, denn das Bewusstsein selbst ist sozusagen leer[147], Sartre spricht auch von „reiner Selbstdurchsichtigkeit", damit ist zugleich verbunden, dass dem, was Gegenstand für das Bewusstsein ist, z. B. dem Tisch oder der Tasse, eine Existenz außerhalb des Bewusstseins zukommen muss.[148]

Um zu verdeutlichen, dass das Sein gerade nicht auf Erkenntnis reduziert werden kann, setzt Sartre beim präreflexiven Bewusstsein an, denn das nicht-thetische oder das präreflexive Bewusstsein ist keine Erkenntnis, es liegt auf der ontologischen Ebene, als Bedingung jeglicher Reflexion. Hätte Sartre wie Descartes versucht, eine Seinsbegründung aus dem reflexiven Cogito zu gewinnen, dann wäre er hingegen ganz auf der Ebene der Erkenntnis geblieben.[149] Für Sartre ist es aber evident, dass Descartes, wenn er erkennt, dass er zweifelt, sich bewusst sein muss, dies zu erkennen.[150] Das präreflexive

---

[147] „da die ganze Welt außerhalb seiner ist" SN S.27

[148] Ontologischer Beweis

[149] Sartre fasst zusammen: *„Somit haben wir durch den Verzicht auf den Primat der Erkenntnis, das Sein des Erkennenden entdeckt und sind auf das Absolute gestoßen..."* Damit ist gesagt, dass die transphänomenale Grundlage des Erkennens im präreflexiven Cogito aufgefunden wurde und dadurch kann Sartre *„jenem berühmten Einwand, ein erkanntes Absolutes, sei kein Absolutes mehr, weil es relativ zur Erkenntnis wird, die man von ihr gewinnt"* entgehen. SN S. 27

[150] Somit beansprucht Sartre - anders als Descartes, der die Existenz des Anderen und der Welt nicht beweisen konnte, ohne einen Rückgriff auf Gott vorzunehmen – mit dem präreflexiven Cogito, sowohl das Sein des percipi, d.h. des Bewusstseins, als auch das Sein der Welt und die Existenz des anderen wiederzufinden. Sartre versucht damit

Bewusstsein ist ein Bewusstsein, das alles Denken und Handeln begleitet, es stellt die erste Bedingung jeder Reflexivität dar, denn es läuft sozusagen immer im Hintergrund mit, es ist das dritte vermittelnde Glied zwischen dem Erkennenden und dem Erkannten, das ermöglicht, dass das erkennende Bewusstsein sich überhaupt als Erkennendes erkennen kann. Sartre gibt zur Verdeutlichung ein Beispiel: *wäre mein Bewusstsein nicht Bewusstsein, Bewusstsein von diesem Tisch zu sein, so wäre es ja Bewusstsein von diesem Tisch, ohne davon Bewusstsein zu haben, dass es das ist, oder, wenn man so will, ein Bewusstsein, das von sich selbst nichts wüsste, ein unbewusstes Bewusstsein – was absurd ist* [151]. Das präreflexive Bewusstsein lässt sich auch an anderen Beispielen aufzeigen: wenn man ganz „bei der Sache" ist, z. B. beim Lösen von Mathematikaufgaben kann man, wenn man plötzlich aus der Situation herausgerissen wird, dennoch sagen, was man gemacht hat, man kann sich erinnern. An diesen Beispielen wird deutlich, was Sartre meint, wenn er behauptet, Bewusstsein wäre nicht gleich Erkenntnis, denn man kann sich ja auch auf bis dahin unreflektierte Momente rückbeziehen. Daran wird deutlich, dass selbst wenn man einen Moment zuvor noch nicht über sein Tun nachgedacht hat, dieses Tun dennoch nicht ohne Bewusstsein war.[152] Präreflexiv nennt Sartre dieses Bewusstsein, weil es noch kein Objekt setzt, es bleibt sozusagen innerhalb des Bewusstseins. Das Rechnen ist somit nicht bloßes Rechnen, sondern es existiert quasi für einen „*Zeugen*"[153]: dem präreflexiven

---

dem folgenden Anspruch zu genügen: „*Im tiefsten Inneren meiner selbst muss ich Gründe finden, an den anderen zu glauben, aber an den anderen selbst als einen, der nicht ich ist.*" SE 218

[151] SN S. 20

[152] Deshalb dürfte nach Sartre ein völliges Aufgehen, bzw. Auflösen des Menschen im Sinne eines in der Buddhistischen Philosophie gedachten Nirvanas nicht möglich sein.

[153] vgl. SN S.166

Bewusstsein. Das Bewusstsein existiert sozusagen „als Zirkel", denn jedes Bewusstsein existiert zugleich als Bewusstsein zu existieren und damit befindet man sich auf der ontologischen Ebene, denn es genügt, dass es Bewusstsein gibt, damit es Sein gibt im Unterschied zur Erkenntnis, bei der es gerade nicht genügt, dass es Erkenntnis gibt, damit es Sein gibt.[154]

Somit kann man vom Rechnen nicht sagen es sei Rechnen, wie man von einem Tisch sagen kann, er sei ein Tisch, denn Rechnen ist ja zugleich Bewusstsein von Rechnen. Sartre drückt dies so aus, indem er das „von" einklammert. Aus diesem Grund kann das Bewusstsein (von) Rechnen nicht mit sich identisch sein. Betrachtet man das Sein des Bewusstseins genauer, kann man zunächst sagen, das präreflexive Bewusstsein ist Bewusstsein (von) sich. Schon grammatikalisch wird am Reflexivpronomen *sich* der Verweis auf das Subjekt Bewusstsein deutlich, und in diesem Fall eine besondere Dualität hergestellt, da das Bewusstsein nicht Sich sein kann, denn dann wäre es mit sich identisch, *„aber ebenso wenig kann es Sich nicht sein, da das Sich Anzeige des Subjekts zu sich selbst ist"*. Durch das auf das Subjekt rückverweisende *Sich* wird somit genau die Distanz ausgedrückt, die es dem Für-sich unmöglich macht mit sich identisch zu sein. Der Mensch ist somit er selbst in der Form der *Anwesenheit bei sich* und diese impliziert notwendig eine Dualität, da er durch seine Bewusstseinsstruktur keine Identität mit sich erreichen kann, denn durch das präreflexive Bewusstsein ist ein trennendes Moment, ein Nichts in den Menschen hineingekommen.

---

[154] vgl. SN S.23

Das Nichts

Auf der Suche nach dem Sein, hat Sartre festgestellt, dass es eine weitere Komponente des Realen, das Nicht-sein gibt. Denn schon die Fragehaltung als ein Typus menschlichen Verhaltens impliziert, die Möglichkeit der Negation. *„Aber diese Negation selbst hat uns, näher betrachtet, auf das Nichts als ihren Ursprung und ihren Grund verwiesen: damit es in der Welt Negation geben kann und wir uns folglich über das Sein befragen können, muss das Nichts in irgendeiner Weise gegeben sein."*[155] Das Nichts kann aber nicht aus dem Nichts kommen, sondern muss durch ein Sein in die Welt kommen[156]; es ist die Seinsform des Für-sich, die die Möglichkeit bietet, sich außerhalb des Seins zu stellen und eine gewisse „Dosis Negatität" in die Welt einzuführen[157]. Die Fragehaltung des Menschen impliziert die Möglichkeit eines nichtenden Abstand vom Gegebenen, dieser ist aber nur möglich, wenn das Nichts bereits innerhalb des Seins als ontologisches Merkmal aufgefunden werden kann.[158] Folglich fragt Sartre nun *„in welcher delikaten, erlesenen Region des Seins wir dem Sein, das sein eigenes Nichts ist, begegnen werden"*[159]. Es findet sich in der Seinsform des Für-sich, im Bewusstsein, das schon im methodischen Zweifel

---

[155] SN S. 79

[156] Ontologische Ursprungserklärung des Nichts: Wenn das Sein reine Positivität verkörpert, kann das Nichts nur woanders herkommen, nämlich von einem Sein, das etwas nichtet, indem es zugleich sich selbst nichtet.

[157] vgl. SN S. 82

[158] „Denn obwohl das Verb „sich zu nichten" erdacht worden ist, um dem Nichts noch den leisesten Anflug von Sein zu nehmen, muss man zugeben, dass allein *das Sein* sich nichten kann, denn wie auch immer, um sich nichten zu können, muss man sein. Aber das Nichts *ist nicht.*" SN S. 80

[159] SN S. 81

die Freiheit sichtbar werden lässt, sich vom Gegebenen, bzw. von der Welt loszureißen und damit die Kausalreihe zu unterbrechen[160].

Sartre bestimmt das trennende Moment des Für-sich als ein Nichts, da es kein äußeres qualifizierendes Element sein kann, denn dann hätte man ja etwas in das Bewusstsein eingeführt, von dem es nicht Bewusstsein wäre und die Selbstdurchsichtigkeit des Bewusstseins, von der Sartre ausgeht, aufgehoben. Der Riss innerhalb des Bewusstseins hat kein positives Sein, *„das Nichts, das innerhalb des Bewusstseins auftaucht, ist nicht. Es wird geseint [est été].*[161] Die Wortschöpfung „geseint" soll hier zum Ausdruck bringen, dass das Sein das Nichts erst hervorbringt, also ontologischen Vorrang hat. Der Mensch, wenn er als Anwesenheit bei sich existieren soll, muss sein eigenes Nichts integrieren als Nichtung des Identischen. Denn ohne das Nichts gäbe es keine bewussten Wesen, sondern nur volles Sein, d. h. nur Dinge. Der Mensch kann gerade deshalb nie mit sich identisch werden, weil in ihm das Nichts wohnt. Somit bringt der Mensch das Nichts in die Welt, und damit die Möglichkeit zu verneinen. Zugleich ist der Mensch immer durch eine bestimmte innere Verneinung des An-sich gekennzeichnet, also des vollen Seienden.

---

[160] Hier deutet sich bereits die, im zweiten Teil dieser Arbeit näher ausgeführte Möglichkeit der Zurückweisung des Determinismus an.

[161] SN S. 171

Verbindung der beiden Seinsformen

Sartre hat somit (ausgehend von den Erscheinungen)[162] zwei Seinsformen entdeckt, zum einen das Sein des Phänomens (An-sich) und zum anderen das Sein des präreflexiven Bewusstseins (Für-sich). Jetzt geht es darum darzulegen, wie diese beiden Formen miteinander in Verbindung stehen, denn sie stellen sich zunächst als in zwei „unkommunizierbare Bereiche" gespalten dar.[163] Wie oben dargestellt, ist das Für-sich das An-sich, welches sich als An-sich verliert, um sich als Bewusstsein zu begründen.[164] Denn durch das Bewusstsein ist das Für-sich nicht mehr volle Positivität, sondern hat, indem es das Nichts in sich aufnahm, die Fähigkeit der Negation erhalten, es kann *nein* sagen. Dabei ist das Bewusstsein immer Bewusstsein von etwas, d. h. das Für-sich kann nur sein, indem es verneint, was es nicht ist, d. h. Gegenstand des Bewusstseins ist immer ein An-sich. Es kann also nur als Nichtung *sein*, deshalb ist das Für-sich auf das An-sich angewiesen. *„Das Für-sich ist ohne das An-sich so etwas wie ein Abstraktum: es hat nicht mehr Existenz als eine Farbe ohne Gestalt oder ein Ton ohne Tonhöhe und Klangfarbe."* Aus diesem Grund ist das Für-sich immer

---

[162] Deshalb spricht man von einer phänomenologischen Ontologie. Sartre ist so vorgegangen, dass er ausgehend von der Erscheinung, die ihr zugrundeliegenden Seinsformen des An-sich und des Für-sich herausgearbeitet hat. Jetzt gilt es darzulegen, dass gerade diese beiden Seinsformen die transphänomenale Grundlage jedes Phänomens bilden, d.h. das Phänomen stellt eine Einheit zwischen den beiden Seinsformen „erkennendes Bewußtsein" und „erkanntes Objekt" dar. Das Seiende oder das Konkete in der Welt stellt somit eine Verbindung, zwischen den beiden aufeinander bezogenen Seinsformen dar, nämlich dem Bewußtsein als intentionalem und dem Phänomen als Erscheinung für ein Bewußtsein. *„Aber man kann festhalten, das man die beiden Glieder eines Verhältnisses nicht erst trennen kann, um dann zu versuchen, sie wieder zusammenzubringen: das Verhältnis ist Synthese."* SN S. 49

[163] SN S. 39

[164] vgl. SN S.177

das, was es nicht ist und nicht das, was es ist. Diese zwei verschiedenen Seinsformen sind somit durch eine synthetische Verbindung vereint, da das Für-sich immer Nichtung des An-sich darstellt. *„Das Für-sich ist außerhalb seiner im An-sich, da es sich durch das, was es nicht ist, definieren lässt; die erste Verbindung des An-sich zum Für-sich ist also eine Seinsverbindung."*[165] Damit sind Bewusstsein und Phänomen aufeinander bezogen, denn das Bewusstsein, das Für-sich bildet somit eine apriorische Einheit mit dem An-sich; denn das Für-sich *ist* nur in der Eigenschaft einer Nichtung. Das Für-sich erscheint als Nichtungsvermögen, das innerhalb des Seins seinen Ursprung hat und es ist diese Nichtung, die das An-sich verändert in der Form, dass eine Welt entsteht. Denn ohne das Für-sich sind die Dinge was sie sind, sie sind völlig neutral. Erst durch das Nichtungsvermögen des Für-sich werden die Eigenschaften der Dinge und ihr Widrigkeitskoeffizient deutlich.

Seinswahl des Für-sich - Zwecksetzung

Das Für-sich mit seinem Bewusstsein ist gezwungen, sich auf etwas An-sich-Seiendes zu beziehen, dazu muss es wählen, was es nichtet, es hat also mit dem Bewusstsein zugleich die Freiheit zu wählen erhalten. Es kann einen gegebenen, also seienden Zustand betrachten und einen Mangel feststellen, es kann feststellen, dass der jetzige Zustand unbefriedigend ist und damit einen anderen Zustand als erstrebenswerten und zu erreichenden Zustand setzen. Damit hat es einen Entwurf auf ein Ziel hin getätigt, z. B. kann Mangel an Glück festgestellt werden. Gerade dieses Wählen-können und Sich-entwerfen auf einen besseren Zustand hin macht das Sein des Menschen aus.

---

[165] SN S. 332

Der Mensch kann somit durch die ihm mit dem Bewusstsein gegebene Freiheit auswählen, was er nichtet. Er kann aber zugleich auch immer nur die Nichtung *sein*, denn ihm kommt ja kein volles Sein zu, er hat kein selbstständiges Sein, sondern hängt quasi am An-sich. „*Seine einzige Qualifikation entsteht ihm dadurch, dass es Nichtung des individuellen und einzelnen An-sich ist und nicht eines Seins im allgemeinen.*"[166] Nichtung bedeutet, nicht bei dem stehen zu bleiben, was ist, sondern aus dem Seienden etwas anderes machen, es in Bezug zu setzen zu Zielen und Zwecken. Der Mensch kann sagen, das bin ich nicht, z. B. der Baum oder der andere Mensch und sich als etwas entwerfen, das er sein will. D. h. er kann Ziele auswählen und erst im Licht eines Ziel, das sich der Mensch gesetzt hat durch sein Bewusstsein, das seine Freiheit ist, erscheinen die Dinge der Verfolgung des Ziels nützlich oder hinderlich. Aus diesem Grund kann der Widrigkeitskoeffizient der Dinge kein Argument gegen unsere Freiheit sein, da er erst durch uns und unsere Setzung auftaucht. „*Ein Felsblock, der einen erheblichen Widerstand darstellt, wenn ich ihn wegrücken will, ist dagegen eine wertvolle Hilfe, wenn ich ihn besteigen will, um die Landschaft zu betrachten. An ihm selbst – falls es überhaupt möglich ist, zu sehen, was er an ihm selbst sein kann – ist er neutral, das heißt, er erwartet durch einen Zweck erhellt zu werden, um sich als widrig oder hilfreich zu erweisen.*"[167] Somit ist es also unsere Freiheit, die die Grenzen festlegt, denen sie begegnen wird. Aus diesem Grund schränken die Widerstände unsere Freiheit nicht ein, sondern ermöglichen ihr erst, als Freiheit aufzutauchen. „*Wenn man das Verbot aufhebt, nach der Sperrstunde auf die Strasse zu gehen, was kann dann für mich die Freiheit bedeuten (die mir zum Beispiel durch einen Passierschein verliehen*

---

[166] SN S.1056

[167] SN S. 834

wird), nachts herumzulaufen?" [168] Sartres Freiheitsbegriff muss vom Alltagsverständnis des Begriffs Freiheit unterschieden werden, denn frei sein meint bei Sartre lediglich Autonomie der Wahl. Somit kommt auch dem Gefängnisinsassen Freiheit zu, denn er kann frei wählen, wie er sich zu seiner Situation verhalten will. Somit bestimmen nicht die Umstände, sondern er selbst, indem er resigniert oder rebelliert, welche Folgen die gegebene Situation für ihn und seine Zukunft hat, auch wenn er an seiner faktischen Situation[169] nichts ändern kann, kann er doch frei entscheiden, welche Bedeutung er ihr gibt.

---

[168] SN S: 840

[169] Die faktische Situation als die „Rückseite" der Freiheit behandelt Sartre im zweiten Teil des Kapitels unter dem Titel „Freiheit und Faktizität: die Situation". Im Rahmen dieser Arbeit kann darauf allerdings nicht konkreter eingegangen werden.

Sein und Handeln

Freiheit und Handlung

Im ersten Kapitel des vierten Teils seines Werkes *Das Sein und das Nichts* geht Sartre konkret auf die Frage des Zusammenhangs von Freiheit und Handeln ein. Wie bisher dargestellt wurde, geht es Sartre um eine phänomenologische Ontologie. Zunächst hat er das Für-sich als ein Sein beschrieben, das seine Möglichkeiten über das An-sich-sein hinaus entwirft. Ein solcher Entwurf in die Zukunft bringt das Nichts in die Welt, da es einen noch nicht erreichten Zustand als wünschenswert setzt. Um diesen gesetzten Zustand zu erreichen, muss der Mensch handeln. Sartre beginnt das Kapitel indem er zunächst Handlung absetzt von bloßem Verhalten und betont, dass Handlung dadurch charakterisiert sei, dass sie immer durch Intentionalität geprägt ist. Das heißt, der Mensch versucht durch Handlung ein bewusst gesetztes Vorhaben, also ein Ziel in der Zukunft, zu realisieren. Damit ist zugleich verbunden, dass eine Handlung immer einen objektiven Mangel voraussetzt. Um diesen Mangel zu erkennen, muss es dem Menschen allerdings möglich sein, sich aus der vollen Welt des Seins in den *Bereich des Nichtseins* zurückzuziehen. Denn er muss sich ja einen Zustand denken können, der noch nicht ist, also im Bereich des Nichtseins liegt. Sartre spricht in diesem Zusammenhang von einer zweifachen Nichtung, die jeder Handlung vorausgeht: die erste Nichtung besteht darin, einen gegenwärtig <u>nichtseienden</u> idealen Zustand vorzustellen, z. B. bessere Lebensbedingungen; die zweite Nichtung besteht darin, den gegenwärtigen Zustand mit dem idealen Zustand, der zuvor vorgestellt wurde, zu vergleichen und zu erkennen: es ist <u>nicht</u> so wie es sein sollte. Erst aufgrund dieser zweifachen Nichtung ist es dem Arbeiter in Sartres Beispiel nun möglich, sein Leiden zum Antrieb einer Handlung zu machen. Wichtig ist also nach Sartre, dass der Antrieb erst durch die zweifache Nichtung auftaucht, denn es ist nicht der faktische Zustand, also das Leiden, das den Arbeiter veranlasst einen Antrieb zum Handeln zu entwickeln. Damit weist Sartre Positionen zurück, die davon ausgehen, man müsse das Leid des Arbeiters nur vergrößern, dann würde daraus schon ein Antrieb zur Handlung.[170] Sartre dreht somit das Verhältnis zwischen „unerträglicher Situation" und „Vorstellung eines besseren Zustandes" um, denn Handlung impliziert für Sartre unbedingt die vorherige Nichtung.[171]

Sartres Argumentation ist also die Folgende: Die Nichtung kommt nur durch das Bewusstsein des Menschen in die Welt, wobei der Mensch völlig unbeeinflusst von jeglichen faktischen Zuständen, also frei ist, denn faktische Zustände können nicht in der Weise auf das Bewusstsein einwirken, dass dieses die Zustände als Mangel erfasst. Zugleich gibt es aber keine Handlung ohne vorherige Nichtung. Damit hat Sartre nachgewiesen, dass die Freiheit eine notwendige Voraussetzung jeglicher Handlung ist.

Existentialismus versus Determinismus

Die Fähigkeit des Menschen zu nichten, d. h. den Bereich des vollen Seins zu verlassen, hat für die Theorie Sartres eine zentrale Bedeutung, da sie ermöglicht, eine deterministische Auffassung, die den Menschen als durch äußere Umstände bestimmt versteht, abzuwehren. Denn bei Sartre gibt es im Hinblick auf die Frage des Handelns kein lückenloses An-sich mehr, wie es im Determinismus vorgestellt wird. Im Determinismus befindet sich der Mensch eingebunden in eine Kette von Ursache und Wirkung, die kein freies und spontanes Verändern

---

[170] „...denn auch das schönste Mädchen der Welt kann nur das geben, was es *hat*, und ebenso kann die elendeste Situation sich von sich selbst nur so zeigen, wie sie *ist*, ohne irgendeinen Bezug auf ein ideales Nichts." SN S.755

[171] vgl, Töllner S. 383

und Eingreifen ermöglicht. Die Handlung des Menschen wird hier als kausal verursacht vorgestellt und verstanden, es gibt also keine Freiheit. Hier wären Zwecke, Antriebe und Motive nicht vom Bewusstsein durch eine Distanz zum Bestehenden gesetzt, sondern als Dinge, als Seiendes, also etwas Volles verstanden, das direkt auf den Menschen einwirkt, ohne dass dieser die Möglichkeit hätte zu wählen und selbst frei Zwecke zu setzen. Bei Sartre haben Handlungen zwar auch Antriebe und Motive, aber nur insofern, als sie sich aus dem Nichts, als Zustand ergeben, der angestrebt wird. D. h. sie ergeben sich erst aus dem Entwurf in die Zukunft, der Entwurf wiederum ist durch die Setzung eines Nichts entstanden, d. h. die Motive und Antriebe liegen außerhalb des Seins – und gerade deshalb können sie nicht kausal auf uns wirken, ihnen fehlt ja das Sein.

Im Kontext der Ethik wird auch heute immer wieder die Frage diskutiert, inwieweit der Mensch als determiniert gedacht werden kann. Sartre betont, dass Versuche den Menschen als determiniert zu denken, darauf hinauslaufen, *„die Freiheit unter dem Gewicht des Seins zu ersticken"*. Beweisen lässt sich allerdings die Freiheit auch nach Sartre nicht. Da sich die Freiheit zur Handlung macht, bzw. sich in der Handlung manifestiert, ist es nicht möglich, sie genau zu bestimmen. Denn wenn wir uns die Handlung anschauen, sind die ihr zugrundeliegenden Antriebe und Motive bereits in die Vergangenheit geglitten und somit zu etwas Seiendem, also An-sich geworden. Die Freiheit, die der Handlung zu Grunde liegt, ist also nicht bestimmbar, sie bleibt unbeschreibbar. [172] Und gerade weil sie im unmittelbaren präreflexiven

---

[172] Aber dennoch hat nach Sartre jeder Mensch notwendig ein Verständnis von Freiheit, er erfährt sie. Wenn Freiheit auch nicht positiv bestimmbar ist, so versucht Sartre dennoch die Freiheit über das Phänomen der Angst, also phänomenologisch aufzuzeigen. Nach Sartre zeigt sich gerade in der Angst das reflexive Bewusstsein der Freiheit. Vgl. SN S. 92f.

Bewusstsein liegt, kann sie kein Objekt sein, sondern sie ist eine Eigenschaft unseres Bewusstseins und deshalb nicht reflexiv erfassbar.

Bedeutung des präreflexiven Bewusstseins für die Freiheit

Die permanente Möglichkeit des Menschen, das zu nichten, was er gewesen ist, und sich auf etwas hin zu entwerfen, was er sein will, also noch nicht ist, impliziert einen besonderen Existenztypus des Menschen. Wie bereits dargelegt, hat der Mensch durch die Aufnahme des Nichts in das vorher volle Sein die Möglichkeit zur Distanznahme geschaffen. *„Die Freiheit ist genau das Nichts, das im Kern des Menschen* geseint wird *[est été] und die menschliche-Realität zwingt,* sich zu machen *statt* zu sein.*"*[173] Diese Möglichkeit der Distanznahme ist von zentraler Bedeutung für die Zurückweisung des Determinismus, denn wäre der Mensch mit sich identisch, hätte er keine Möglichkeit, die Ebene des vollen Seins zu verlassen und sich aus den Kausalbezügen zu lösen. Freiheit kann also nichts anders sein als diese Nichtung, die Freiheit ist somit gerade das *Nichts an Sein* des Menschen. Und gerade die Möglichkeit der Veränderung des Menschen durch sich selbst macht seine Freiheit aus, denn sie ermöglicht ihm, sich zu etwas zu machen, was er vorher nicht war. Das Für-sich hat ja gerade kein Wesen, sondern der Essenz geht die Existenz voraus[174]. Der Mensch wird somit als jemand gedacht, der sich verändern kann. Damit er dies kann, muss er Sein und Nichts zugleich sein, d. h. ein Sein haben, das sein eigenes Nichts ist. Denn wenn er nur Sein wäre, wäre er kausal bestimmt und es gäbe keinen Raum für Freiheit, d. h. er darf gerade nicht mit sich identisch sein. Dies macht Sartre deutlich, wenn er sagt, der Mensch ist nicht sich, er ist *Anwesenheit bei sich*.

---

[173] SN S. 765

[174] vgl. Einleitung dieser Arbeit

Sartre formuliert dies folgendermaßen: „*Sobald man ja dem Bewusstsein dieses negative Vermögen der Welt und sich selbst gegenüber zuschreibt, sobald die Nichtung integrierender Teil der Setzung eines Zwecks ist, muss man anerkennen, dass die unerlässliche und grundlegende Bedingung jedes Handelns die Freiheit des handelnden Wesens ist.*"[175]

Freiheit und Wille

Wenn Sartre für den Menschen unbedingte Freiheit reklamiert, kann sie nicht nur auf bestimmte Bereiche eingeschränkt werden: „*entweder ist der Mensch völlig determiniert, (...) oder der Mensch ist völlig frei*"[176]. Sartres vertritt deshalb die These, dass die ontologische Freiheit sowohl dem Willen als auch den Leidenschaften zugrunde liegt. Hiermit hebt er sich von Auffassungen ab, die unter anderem auch Descartes vertritt. Descartes sieht den freien Willen auf der einen Seite und die Leidenschaften der Seele auf der anderen Seite; der Mensch wird hier also zugleich als frei und als determiniert gedacht, was nach Sartre unannehmbar ist, zumal unklar bliebe, wie diese beiden Bereiche von einander zu trennen wären.[177] Sartre betont, dass der Wille, wenn man ihn als frei denken will, notwendig Negativität und Nichtungsvermögen sein muss, also gerade nicht etwas volles Seiendes sein kann, denn dann wäre er ja in die Kette der Dinge eingereiht, die dem Kausalitätsgesetz unterliegen und gerade nicht mehr frei. Der Wille, der sich durch einen reflektierten Beschluss im Hinblick

---

[175] SN S. 758

[176] SN S. 768

[177] Denn man hätte damit praktisch zwei voneinander unabhängige Welten erschaffen, eine Welt der Kausalität und eine Welt der Freiheit, wobei eine Synthese nicht möglich ist, da jede in ihrer „unkommunizierbaren Isolierung" verharrt.

auf ein Ziel bestimmt, wählt seine Ziele in Freiheit. Sartre will nun zeigen, dass auch den leidenschaftlichen, also unüberlegten Handlungen Freiheit zukommt. Denn auch die Leidenschaft hat ihre eigenen Zwecke, die in dem Moment anerkannt werden, wo sie als nicht-existierende gesetzt werden. Beide, Wille und Leidenschaften, schaffen nicht die Zwecke, sondern sind zu verstehen als unterschiedliche subjektive Handlungen zur Verwirklichung eines in Freiheit gesetzten Zweckes. Der Unterschied liegt lediglich in der Wahl der Mittel, d. h. ich kann beschließen, meine Zwecke durch Reflexion zu erreichen, oder durch emotionale Reaktion, aber der Zweck bleibt der gleiche. *„Ich kann zum Beispiel aus Todesangst bei einer Gefahr Hals über Kopf fliehen. (...) Ein anderer wird dagegen der Meinung sein, dass man am Ort bleiben muss, auch wenn Widerstand zunächst gefährlicher scheint als Flucht; er wird standhalten. Aber sein Ziel bleibt, wenn auch besser begriffen und explizit gesetzt, das gleiche wie im Fall der emotionalen Reaktion."*[178] Es sind also nicht die Umstände,[179] die entscheiden, ob der Mensch willentlich oder emotional handelt, sondern der subjektiven Handlung liegt ein ursprünglich in Freiheit gewählter Entwurf seiner selbst zu Grunde. Dies darf nun aber nicht so verstanden werden, als wäre der Mensch an seinen ursprünglichen Entwurf in der Weise gebunden, dass er von ihm determiniert werde, sondern er muss in jedem Augenblick noch entscheiden, wie er handeln will, d. h. er kann seinen in Freiheit gewählten ursprünglichen Entwurf auch wieder modifizieren.

---

[178] SN S. 770

[179] Denn das wäre eine deterministische Betrachtungsweise.

Antrieb und Motiv

Sartre beleuchtet zur Verdeutlichung die Frage der Willensfreiheit noch einmal genauer im Hinblick auf Antriebe und Motive. Sartre stimmt mit den Deterministen darin überein, dass es keine Handlung ohne Antriebe bzw. Motive geben kann, allerdings entstehen diese für Sartre erst im Licht eines bereits gesetzten Zieles. Somit ist nicht das Motiv der Grund einer Handlung, dann wäre die Handlung ja kausal verursacht, sondern das Motiv wird erst als Motiv erkennbar, wenn man die Welt im Hinblick auf ein bestimmtes Ziel befragt. So erscheint bei dem oben angeführten Beispiel der Felsen erst nachdem man das Ziel gefasst hat, die Landschaft zu betrachten, als ein dazu hilfreiches Mittel.[180] *„Wir nennen also Motiv das objektive Erfassen einer bestimmten Situation, insofern sich diese Situation im Licht eines bestimmten Zwecks als etwas enthüllt, was als Mittel dienen kann, diesen Zweck zu erreichen."*[181] Objektiv meint hier, dass es als Faktum auch für andere erkennbar existiert, z. B. der Felsen ist objektiv vorhanden oder die Situation in Gallien ist so, dass sich für Chlodwig ein Motiv für die Bekehrung zum Katholizismus ergibt. Aber für Sartre sind die Motive nicht in der Weise objektiv da, dass sie kausal auf Chlodwig wirken, sondern, *„damit er die objektiven Folgen ins Auge fassen kann, die diese Bekehrung haben könnte, muss er zunächst die Eroberung Galliens als Zweck gesetzt haben"*[182].

---

[180] „Kurz, die Welt gibt Ratschläge, wenn man sie befragt, und man kann sie nur wegen eines ganz bestimmten Zwecks befragen." SN S. 778

[181] SN S. 775

[182] SN S. 774

Während der Historiker die Motive rekonstruiert, sucht der Psychologe eher nach Antrieben, auf die der Historiker nur im Notfall zurückgreift, wenn die Motive nicht ausreichen. Sartre führt als Beispiel ein Zitat eines Historikers an: *„Da es sich herausgestellt hat, dass Konstantin alles zu verlieren und offensichtlich nichts zu gewinnen hatte, wenn er das Christentum annahm, so gibt es nur einen möglichen Schluss, nämlich, dass er einen plötzlichen Impuls pathologischer oder göttlicher Art, ganz wie man will, nachgegeben hat."*[183] Damit wird zugleich eingeräumt, dass eine andere Person in der gleichen Situation hätte völlig anders handeln können und die Motive allein als handlungsbestimmender Faktor nicht ausreichen. Daraus ergibt sich aber auch, dass wenn man, wie nach der Auffassung Descartes, die Antriebe als bloß subjektiv und damit von Leidenschaften getragen versteht, *„der ideale rationale Akt derjenige [sc. wäre], für den die Antriebe praktisch gleich Null wären und der allein durch eine objektive Einschätzung der Situation inspiriert wäre."*[184] Da Handlungen aber oft sowohl von Antrieben als auch von Motiven getragen sind, läuft es nach Sartre darauf hinaus, dass sich bei der Frage nach der Freiheit, die ja bei Descartes nur der von Rationalität getragenen Willensseite zukommen soll, eine weitere Schwierigkeit ergibt, die darin besteht, die beiden Ebenen von Willen (Motiv) und Leidenschaften (Antrieb) zu trennen.

Wie aber versteht Sartre nun Antriebe und Motive einer Handlung? Denn er will ja nicht bestreiten, dass ein Motiv objektiv ist, sondern er will betonen, dass es erst zu einem objektiven Motiv wird im Hinblick auf ein gesetztes Ziel. Somit bestimmt also nicht das Motiv die Handlung, sondern es erscheint erst durch den zuvor gesetzten Zweck. *„Anders gesagt, das Bewusstsein, das aus der*

---

[183] SN S. 775

[184] SN S. 776

Gesamtheit der Welt das Motiv herauslöst, hat schon seine eigene Struktur, hat sich seine Zwecke gegeben, hat sich auf seine Möglichkeiten hin entworfen und besitzt eine eigene Art, sich an seine Möglichkeiten zu hängen: diese eigene Art, auf seinen Möglichkeiten zu bestehen, ist hier die Affektivität."[185] Diese eigene Art des Umgangs mit den Gegebenheiten, die Sartre hier betont, ist zu verstehen als eine Struktur, die im präreflexiven Bewusstsein liegt und mit dem ersten Entwurf zusammenfällt. Jeder Mensch hat eine bestimmte Art und Weise des Umgangs mit seinen Möglichkeiten in der Welt, diese ist vorreflexiv, d. h. der Mensch überlegt nicht bewusst, welchen Blick er auf die Welt werfen will. Dem einen erscheint die Welt und das Leben bedrohlich, dem anderen als ein Geschenk von Möglichkeiten, der eine hat eine optimistische Sicht der Dinge der andere eine pessimistische, diesen Einstellungen geht allerdings keine bewusste Reflexion voraus, sondern diese „interne Organisation" hat sich das „Bewusstsein in Form von nicht-setzendem Bewusstsein (von) sich gegeben". Diese interne Struktur des Für-sich, also des Menschen, ist somit ein *irrationales, nicht erklärbares* Faktum des In-der-Welt-seins.[186] Mit dieser Struktur des Menschen ist aber zugleich verbunden, bestimmte objektive Gegebenheiten in der Welt als Motive für eine Handlung auftauchen zu lassen, die ein anderer Mensch mit einer anderen Bewusstseinsstruktur nicht zum Motiv werden lässt. Aus diesem Grund gehören die drei Begriffe Motiv, Zweck und Antrieb für Sartre zusammen, denn es macht für ihn keinen Sinn unabhängig von der besondern Art des In-der-Welt-seins des Menschen nach Motiven oder Antrieben zu suchen, denn „*geradeso wie das Auftauchen des Für-sich macht, dass es eine Welt gibt, so ist es hier sein Sein selbst, insofern dieses Sein reiner*

---

[185] SN S. 778

[186] vgl. SN S. 778f.

Entwurf auf einen Zweck hin ist, das macht, dass es eine bestimmte objektive Struktur der Welt gibt, die im Licht dieses Zwecks den Namen Motiv verdient"[187]. Wenn Chlodwig auch Bewusstsein von dem Motiv „die Situation der Kirche ist so, dass sie einen bekehrten König unterstützt" hat, so läuft quasi für ihn im Hintergrund im präreflexives Bewußtsein sein Entwurf des In-der-Welt-seins mit. Statt sich darüber bewusst zu sein, erfährt er sich lediglich in dem Moment, in dem sich ihm die Motive enthüllen als ehrgeizig oder getrieben. Zu einem späteren Zeitpunkt, wenn die Handlung bereits vollzogen ist, kann er sich aber nicht nur die Motive, sondern auch die Antriebe ins Bewusstsein rufen, aus diesem Grund erscheinen sie z. B. den Psychologen als psychische Gegebenheiten, die den Menschen kausal beeinflussen. Dies liegt aber nach Sartre nur daran, dass bei der Betrachtung der schon vollzogenen Handlung sowohl Antrieb als auch Motiv in die Vergangenheit geglitten und somit zu etwas vollem Seienden geworden sind *„deshalb kommen wir von den Motiven und den Antrieben einer Handlung sprechen, als wenn sie mit einander in Konflikt geraten oder in einem bestimmten Verhältnis beide zur Entscheidung beitragen könnten*"[188].

Entwurf oder In-der-Welt-sein

Sartre räumt ein, dass man den Determinismus zu Recht „menschlicher" gefunden hat, wenn man eine Theorie der Freiheit so versteht, dass sie zu einer völligen Unberechenbarkeit des Menschen führt und man in jedem Augenblick damit rechnen muss, dem Irrationalen einer freien und kontingenten Wahl zu begegnen. Denn im Determinismus lassen sich zumindest

---

[187] SN S. 779

[188] SN S. 781

Gründe für jede Handlung auffinden. Sartre versteht seine Theorie der menschlichen Freiheit aber gerade nicht so, dass wenn auch jede Handlung frei ist, dies bedeutet, *„dass sie beliebig sein kann oder auch nur unvorhersehbar ist"*[189]. Sartre erläutert dies am Beispiel der Wanderung: einer aus der Gruppe weigert sich, vor dem Erreichen des Rastplatzes weiterzugehen, weil er müde ist. Die anderen werfen ihm sein Verhalten vor, weil sie davon ausgehen, dass er anders hätte handeln können und werden ihn womöglich beim nächsten Mal nicht wieder mitnehmen, weil sie ihn für verweichlicht halten. Auch für Sartre steht es außer Frage, dass er hätte anders handeln können. Die Frage, die sich Sartre stellt, ist vielmehr, um welchen Preis er hätte anders handeln können. Wichtig ist, dass es nicht die Müdigkeit sein kann, die die Entscheidung, nicht weiter zu gehen, hervorruft, denn dann müssten die anderen, die ja genauso müde sind, das gleiche tun. Was lässt aber dann dem einen die Müdigkeit als unerträglich erscheinen? Sartre betont, dass es sich um einen bestimmten *Wert*[190] handeln muss, den man dem Faktum Müdigkeit gibt, denn während der eine die Müdigkeit genießt, erscheint sie dem anderen unerträglich. Die so getroffene Wahl muss nach Sartre in der Perspektive einer umfassenden Wahl verstanden werden, der Wahl des In-der-Welt-seins oder des ursprünglichen Entwurfs[191]. Diese Wahl ist nach Sartre immer als ein Versuch des Für-sichs zu

---

[189] SN S.786

[190] Der Wert ist jene absolute Geltungsgröße mit Bezug auf welchen sich das Subjekt als Mangel bestimmt. Der Mensch wählt seine Werte vor jeder empirischen Vermittlung und Bewertung völlig frei. Somit ist die Freiheit die alleinige Begründung der Werte und nichts rechtfertigt den Menschen, *„diesen oder jenen Wert, diese oder jene Werteskala zu übernehmen. Als Sein, durch das die Werte existieren, bin ich nicht zu rechtfertigen. Und meine Freiheit ängstigt sich, die unbegründete Begründung der Werte zu sein."* (SN S. 106)

[191] In dieser Wahl zeigt sich die phänomenologisch sichtbare „Berechenbarkeit" einer uns bekannten Person, denn in ihr bildet sich ein Verweis auf ein bestimmtes In-der-Welt-sein des Menschen ab. Dieses zentrale Sein, das oft mit Bezeichnungen wie Charakter, Wesen oder Temperament zu fassen versucht wird, ist für Sartre als eine

verstehen, das *Problem des Seins* zu lösen. Das Für-sich als eine völlig andere Seinsform als das An-sich taucht mit einem Mal auf und lässt eine Welt entstehen.[192] Diese Welt entsteht aber nur auf Grund unserer Nichtung, schon unsere Wahrnehmung ist so aufgebaut, dass wir Dinge nur erfassen vor den Nichtungshintergrund der Welt[193]. Wir nehmen einen Gegenstand nicht ohne Bezug zu uns selbst wahr, er hat für uns und unser In-der-Welt-sein bestimmte Bedeutungen. Aber diese Welt, zu der der Gegenstand in Beziehung tritt, entsteht erst mit unserem Auftauchen, *"ebenso, wie ich ein solches „Dieses" nur auf dem Welthintergrund erfassen kann, indem ich es auf diese oder jene Möglichkeit hin überschreite, kann ich mich in diesem Fall über das „Dieses" hinaus auf diese oder jene Möglichkeit hin nur auf dem Hintergrund meiner äußersten und totalen Möglichkeit entwerfen".*[194] Die Welt, die durch das Auftauchen des Für-sich entsteht und die äußersten Möglichkeiten des Fürsich in der Welt sind also zwei nicht voneinander zu trennende Begriffe; die

---

Grundeinstellung bzw. ein Entwurf zu sein zu verstehen, der ständiger Wiederaufnahme und Bestätigung bedarf. Deshalb ist es jedem Menschen grundsätzlich jederzeit möglich seinen Entwurf zu modifizieren und sich anders als erwartet zu verhalten, er ist also nicht durch seinen Urentwurf determiniert

[192] „Auftauchen ist für mich meine Distanzen zu den Dingen entfalten und eben dadurch machen, dass es Dinge gibt. Aber infolgedessen sind die Dinge genau „Ding-die-auf-Distanz-zu-mir-existieren". Auf diese Weise schickt mir die Welt diese einseitige Beziehung zurück, die mein Sein ist und durch die ich mache, dass sie sich enthüllt." SN S. 547

[193] „Das Objekt erscheint auf dem Welthintergrund und manifestiert sich als Exterioritätsbeziehung zu anderen „Dieses", die soeben erschienen sind. Also impliziert seine Enthüllung die komplementäre Konstituierung eines undifferenzierten Hintergrunds, der das totale Wahrnehmungsfeld oder die Welt ist. (...) mit einem Wort, die Existenz eines Seh-, Tast- oder Hörfeldes ist eine Notwendigkeit: die Stille zum Beispiel ist das Klangfeld undifferenzierter Geräusche, in das der einzelne Ton, auf den wir achten, versinkt. Aber die materielle Verbindung eines bestimmten Dieses mit dem Hintergrund ist gleichzeitig **gewählt** und gegeben. Sie ist gewählt, insofern das Auftauchen des Fürsich ausdrückliche **und interne Negation eines bestimmten Dieses auf dem Welthintergrund ist**." SN S. 561f. [Hervorhebungen von mir A.U.]

[194] SN S. 799

Wahl des Für-sich in der Welt und die Entdeckung der Welt fallen somit zusammen.[195] Die Welt erscheint uns deshalb notwendigerweise so, wie wir sind, denn indem wir uns wählen, wählen wir die Welt. *„Meine nachlässige oder gepflegte, gesuchte oder gewöhnliche Kleidung, (...) meine Möbel, (...) die Bücher, mit denen ich mich umgebe, die Zerstreuungen, denen ich nachgehe, (...) – alles das unterrichtet mich selbst über meine Wahl, das heißt über mein Sein."*[196] Das Subjekt kann sich selbst in seinem Sein nicht direkt erfassen, denn es ist ja nicht *sich*, sondern lediglich *Anwesenheit bei sich*, d. h. immer in Distanz zu sich selbst. Deshalb ist es beim Versuch sich selbst zu erfassen, auf die Dinge verwiesen, die es hervorbringt und tut. Die Seinswahl, die wir treffen, ist keineswegs eine erwogene Wahl, da sie Grundlage jeder Erwägung ist, kann sie nicht selbst erwogen sein, denn dann käme man in einen infiniten Regress. Die Wahl ist eins mit dem präreflexiven Bewusstsein, denn wie schon im Kapitel über das präreflexive Bewusstsein in dieser Arbeit dargestellt, muss man sich bewusst sein um zu wählen, und man muss wählen um sich bewusst zu sein. Daraus schließt Sartre: *„Wahl und Bewusstsein sind ein und dasselbe.*[197]" Denn Bewusstsein ist immer Nichtung, d. h. es kann als eine Art von „Selektion" verstanden werden, die aus dem Bestreben des Für-sich entsteht, die Seinsform des An-sich-für-sich[198] zu erreichen.

---

[195] Wir skulptieren unser Gesicht in die Welt. Vgl. SN S. 803

[196] SN S. 803

[197] SN S. 801

[198] Der grundlegende Entwurf wird geleitet von dem Bestreben des Menschen das An-sich-für-sich zu erreichen, d.h. „*das Ideal eines Bewusstseins, das Grund seines eigenen An-sich-seins wäre durch das bloße Bewußtsein, das es von sich selbst gewönne. Das ist das Ideal, das man Gott nennen kann. Do kann man sagen, was den grundlegenden Entwurf der menschlichen Realität am begreiflichsten macht, ist, dass der Mensch das Sein ist, das entwirft, Gott zu sein."* SN S. 971f.

Betrachtet man das von Sartre angeführte Beispiel der Wanderung, so deutet die Art des Wanderers, der Müdigkeit nachzugeben und sich zu weigern weiterzugehen, auf eine bestimmte Sicht der Welt hin, bzw. auf einen besonderen Bezug, einerseits zum eigenen Körper, andererseits zu den Dingen, der im Rahmen des ersten Entwurfs zu verstehen ist. Es gibt so viele unterschiedliche Möglichkeiten seinen Körper zu existieren, wie es unterschiedliche Menschen gibt; die Beschreibung eines Menschen als „verweichlicht" deutet dabei nicht nur auf eine bestimmte Art hin, die Müdigkeit zu erleiden, sondern verweist zugleich auf eine bestimmte Art des In-der-Welt-seins[199]. Sartre spricht von einer Duldung der Faktizität, die dem Verhalten zu Grunde liegt, sie ist dadurch gekennzeichnet, dass man der Faktizität einen besonderen Wert gibt und sich dadurch der Müdigkeit, dem Hunger und ähnlichen Bedürfnissen hingibt. Es ist nach Sartre der Versuch „sich zu Körper zu machen", bzw. „sich vom Körper aufsaugen zu lassen". Eine andere Möglichkeit seinen Körper zu existieren läuft über einen Aneignungsbezug: diejenigen aus der Gruppe, die weiterwandern können ihre Müdigkeit womöglich genießen, für sie ist sie eine Art von Mission, über die sie die umgebende Welt entdecken, bzw. sie sich aneignen, denn sie sind nun diejenigen, die der Welt ihren Sinn und ihre Existenz verleihen: *„er [sc. mein Begleiter] macht diese Wanderung, weil das Gebirge, das er besteigen, und die Wälder, die er durchqueren will, existieren, er hat die Mission, der zu sein, durch den ihr Sinn manifestiert wird".*[200] Dieser erste Entwurf, der den Bezug zur Welt bedeutet, ist der Anfangspunkt für jede weitere Entscheidung und damit Zielsetzung, denn sie geschieht immer im Licht des ersten Entwurfs.

---

[199] Um diesen ersten Entwurf zu entschlüsseln ist nach Sartre eine besondere phänomenologische Methode nötig, die er die existentielle Psychoanalyse nennt. Er grenzt sie von der auf Freud basierenden Psychoanalyse ab.

[200] SN S. 792

Sartre möchte die ursprüngliche Wahl allerdings nicht so verstanden wissen, dass sie den Menschen fortan determiniert, vielmehr geht es ihm darum, zu zeigen, dass ein Mensch prinzipiell jederzeit frei ist, sich grundlegend zu ändern, bzw. sich anders zu entwerfen als er ist. Sartre hebt hervor, dass derjenige, der sich aufgrund seiner Müdigkeit weigerte weiterzugehen, auch hätte anders handeln und bis zum Rastplatz warten können, aber dies wäre eben nur um den Preis einer radikalen Modifikation[201] seines In-der-Welt-seins möglich gewesen.

„*Diese Modifikation ist übrigens immer möglich. Die Angst, die, sobald sie enthüllt ist, unserem Bewusstsein unsere Freiheit manifestiert, bezeugt diese fortwährende Modifizierbarkeit unseres Initialentwurfs. In der Angst erfassen wir nicht bloß die Tatsache, dass die Möglichkeiten, die wir entwerfen, durch unsere künftige Freiheit fortwährend untergraben werden, wir nehmen außerdem unsere Wahl, das heißt uns selbst, als* nicht zu rechtfertigen wahr, *das heißt, wir erfassen unsere Wahl als nicht von irgendeiner vorherigen Realität herrührend, sondern im Gegenteil als etwas, was der Gesamtheit der Bedeutungen, die die Realität konstituieren, als Grundlage dienen muss.*"

---

[201] Es gibt allerdings keinen Auslöser für eine radikale Modifikation, denn dann wäre sie ja wieder determiniert und nicht mehr frei. So kann auch nicht das **Leiden** am jetzigen Entwurf und der Wille, diesen zu ändern bzw. sich selbst zu ändern eine Modifikation herbeiführen, denn der Wille erreicht mit seinen Änderungsversuchen nicht die ursprünglich gesetzten Zwecke: „der Wille kann nur Detailstrukturen erreichen und wird nie den ursprünglichen Entwurf verändern, aus dem er hervorgegangen ist, ebenso wenig wie die Konsequenzen eines Theorems sich gegen es wenden und es verändern können". (SN S. 824) Voraussetzung für eine Modifikation ist nach Sartre die Existenz des, durch ein zweifaches Nichts begrenzten Augenblicks.

Schluss

Ziel dieser Arbeit war die Rekonstruktion der Sartreschen Phänomenologie im Hinblick auf die Frage, wie es Sartre gelingt die Freiheit des Menschen ontologisch zu begründen. Ausgehend von dem Versuch einer phänomenologischen Ontologie lassen sich nach Sartre zwei Bereiche der Wirklichkeit unterscheiden, der des Seins, der Dinge oder des An-sich und der des Nichts, des Menschen oder des Für-sich. Bewusstsein und Freiheit entsteht nach Sartre aus dem Versuch des An-sich sich selbst zu begründen, wobei es das Für-sich entstehen lässt. Diese beiden Bereiche stehen in einem synthetischen Zusammenhang, der sich aus der Notwendigkeit des Für-sich ergibt, zu nichten, um zu sein. Dieser Versuch impliziert die Notwendigkeit der Distanznahme zu sich selbst, das heißt, das Überschreiten der bezugslosen Identität mit dem Gewinn des Bewusstseins, aber um den Preis des Verlustes der Identität und damit des vollen Seins. Das Für-sich mit seinem gewonnenen Bewusstsein ist gezwungen, sich auf etwas An-sich-Seiendes zu beziehen, dazu muss es wählen, was es nichtet, es hat also mit dem Bewusstsein zugleich die Freiheit zu wählen erhalten. Es kann einen Entwurf auf ein bestimmtes Ziel hin tätigen. Gerade dieses Wählen-können und Sich-entwerfen auf einen besseren Zustand hin, macht das Sein des Menschen aus. Die Nichtung kommt dabei nur durch das Bewusstsein des Menschen in die Welt, wobei der Mensch völlig unbeeinflusst von jeglichen faktischen Zuständen, also frei ist, denn faktische Zustände können nicht in der Weise auf das Bewusstsein einwirken, dass dieses die Zustände als Mangel erfasst. Die Fähigkeit des Menschen zu nichten, d. h. den Bereich des vollen Seins zu verlassen, hat für die Theorie Sartres eine zentrale Bedeutung, da sie ermöglicht, eine deterministische Auffassung, die den Menschen als durch äußere Umstände bestimmt versteht, abzuwehren. Jeder Handlung geht nach Sartre eine zweifache Nichtung voraus, daraus lässt sich schlussfolgern, dass die Freiheit eine notwendige Voraussetzung jeder Handlung sein muss. Somit haben Handlungen zwar Antriebe und Motive, aber nur insofern, als sie sich aus dem Nichts, als Zustand ergeben, der angestrebt wird, d. h. sie ergeben sich erst aus dem Entwurf in die Zukunft.

Menschliches Sein kann somit als Entwurf verstanden werden, als Überschreitung des Gegebenen durch Handeln. Die einzelnen Handlungen des Menschen lassen sich verstehen im Hinblick auf einen ursprünglichen Entwurf in die Zukunft, des In-der-Welt-seins. Denn mit dem Auftauchen des Für-sich entsteht nicht nur eine Welt, sondern es ist damit zugleich die Wahl eines frei konzipierten Zieles, die Wahl seiner selbst und die Wahl des Bedeutungscharakters der Welt verbunden. Die Freiheit fällt also mit der Wahl zusammen. Da das Für-sich nur sein kann, indem es sich wählt, ist Freiheit weder als Gegebenheit, noch als Eigenschaft des Menschen zu verstehen, sondern als *das Sein des Menschen*. Wobei Sartre die erste Seinswahl nicht als eine reflektierte Wahl versteht, sondern betont, dass sie mit dem Bewusstsein zusammenfällt. Sartre wendet sich damit gegen das Freudsche Modell der frühkindlichen Prägung und des Unbewussten. Für Sartre ist die Wahl als letztes Glied psychoanalytischer Untersuchung in vollster Klarheit und Transparenz im Bewusstsein, sie ist eins mit dem Bewusstsein als freie und bewusste Selbstbestimmung. Im Allgemeinen begreift der Mensch sich allerdings nicht als derjenige, der der Welt durch seine Seinswahl ihren Bedeutungsgehalt gibt. Dies geschieht nur dann, wenn es durch eine radikale Infragestellung seiner Wahl aus dem pragmatischen Zirkel des Alltags herausfällt, dies wird dann deutlich durch das Phänomen der Angst als Garant für eine offene und frei zu wählende Zukunft, für die der Mensch selbst verantwortlich ist.[202]

---

[202] An dieser Stelle ließe sich die Möglichkeit und der Sinn einer Ethik für die Sartresche Theorie diskutieren

Literaturverzeichnis

Sartre, Jean-Paul Gesammelte Werke: Philosophische Schriften I, Band 3: Das Sein und das Nichts, Versuch einer phänomenologischen Ontologie; Rowohlt Verlag, Hamburg 1991

Sartre, Jean-Paul Gesammelte Werke: Philosophische Schriften I, Band 4: Der Existentialismus ist ein Humanismus / Materialismus und Revolution / Selbstbewusstsein und Selbsterkenntnis / und andere philosophische Essays 1943-1948; Rowohlt Verlag, Hamburg 1994

Damast, Thomas Jean-Paul Sartre und das Problem des Idealismus: Eine Untersuchung zur Einleitung in „L´etre et le neánt" ; Akademie Verlag, Berlin 1994

Töllner, Uwe   Sartres Ontologie und die Frage einer Ethik; Europäische Hochschulschriften Reihe XX Philosophie Bd./Vol. 449 Verlag Peter Lang

Streller, Justus   Zur Freiheit verurteilt: Ein Grundriß der Philosophie Jean Paul Sartres, Felix Meiner Verlag, Hamburg 1952

Hengelbrock, Jürgen   Jean-Paul Sartre: Freiheit als Notwendigkeit – Einführung in das philosophische Werk, Alber Verlag, München 1989

Suhr, Martin   Jean-Paul Sartre zur Einführung; Junius Verlag, Hamburg 2001

König, Traugott   Sartre: Ein Kongreß; Rowohlt Verlag, Hamburg 1988

Kevin Liggieri (2009): Zur Freiheit verdammt - Sartres Konzeption der Freiheit und der Vergleich zur modernen Hirnforschung

Einleitung: Ist Sartre ein toter Autor?

„Wir können nach *L' etre et le neant* noch alle möglichen Erleuchtungen und Ergänzungen erwarten. Aber man kann nicht leugnen, daß die Gedankengänge Sartres das Zentalproblem der Philosophie, wie es sich nach den Erkenntnissen der vorigen Jahrhunderte ergibt, in einer durchdringenden Weise und mit einer neuen Tiefe erfassen."[203]

Jean-Paul Sartre (21.6.1905 bis 15.4.1980) war schon zu seinen Lebzeiten ein Phänomen und „maître à penser" (Vordenker). Er war nicht nur Philosoph, sondern auch Verfasser zahlreicher Romane, Erzählungen, Dramen und Essays, er war politisch engagiert – im Widerstand gegen die Gewaltpolitik in Algerien – und gilt als Hauptvertreter des Existentialismus. Als Denker der Nachkriegszeit hat er eine ganze Generation von Denkern geprägt. Selbst nach seinem Tod sind mehr Bücher über ihn erschienen als von anderen Autoren zu ihren Lebzeiten.[204] Sein Ziel war immer zu wirken durch das geschriebene Wort, daher ist seine Philosophie auch so lebendig. Sie ist Philosophie des Menschen, seiner Freiheit und Autonomie. So sagt er polemisch aber zu Recht: „Was bleibt, wenn ich das unmögliche Heil in die Requisitenkammer verbanne? Ein ganzer Mensch, gemacht aus dem Zeug aller Menschen, der soviel wert ist wie sie alle und soviel wert wie jedermann."[205]

---

[203] Vgl. Maurice Merleau-Ponty, *les temps modernes*, November 1945, In: Martin Suhr, *Sartre*, Hamburg 2001, S.169. Man muss beachten, dass die Veröffentlichung von *Das Sein und das Nichts*, sowie des Essays *L'Existentialisme est un humanisme (Der Existentialismus ist ein Humanismus)* von 1946 einen großen Andrang bei dem Publikum fanden. Die Kern Aussage ist kurz gesagt, dass der Mensch durch Zufall in die Welt geworfen wurde und nun aber selber dieser Welt Sinn geben muss.

[204] Vgl. Ebd. S.12.

[205] Vgl. Jean-Paul Sartre, *Die Wörter*, Hamburg 1968, S.145.

In dieser Arbeit soll der Aspekt der Freiheit und der Verantwortlichkeit im Mittelpunkt stehen, wobei natürlich Sartres philosophisches Hauptwerk *L' etre et le neant (Das Sein und das Nichts)* die Grundlage bilden soll. Er schrieb dieses 1942, nachdem er seine Widerstandsgruppe *Socialisme et liberté (Sozialismus und Freiheit)* auflöste. Sartre gab also dem Schreiben den Vorzug. Sartres Ideen sind über 60 Jahre alt, es muss die Frage gestellt werden, ob sie für uns überhaupt noch ihr Recht behalten im Bezug auf die neuen Kenntnisse der Neurobiologie oder trifft der Ausspruch auch auf Sartre zu, den er die Gräfin von Gosswill in seinem Drama *Kean* (1953) sagen läßt?

„Das ist das Langweiligste bei diesen toten Autoren, dass sie nie etwas neues bieten."[206]

---

[206] Vgl. Suhr, *Sartre*, S.12.

„Ich bin dazu verurteilt, frei zu sein." - Sartres Philosophie der Freiheit

Jean Paul Sartre ist ein Individuum, welches wie kein anderes für den Existentialismus[207] steht, und trotzdem bleibt er, welcher sich in Politik und Staat einmischte, immer einer vom Volk. „[...] Auch heute noch lese ich lieber Kriminalromane als Wittgenstein."[208] Das Zentrum seiner Stücke und philosophischen Werke war immer die Freiheit und Verantwortung, sie nicht nur zu beweisen wie die Tradition (Schelling, Leibniz) sondern sie zu einem Muss zu machen, ist sein Ziel. Er war gegen eine Freiheit, die nur eine euphemistische Autonomie darstellt. Seine Freiheit war radikal, so sagt er: „Ich bin dazu verurteilt, frei zu sein. Das bedeutet, dass wir für unsere Freiheit keine anderen Grenzen als sie selbst finden können, [...]."[209] Dieses ist mehr als nur eine Rechtfertigung unserer Handlungen, es ist die Suche nach einem Sinn des Lebens, nach einer Begründung des Daseins selbst.[210] Das Fazit Sartres lässt den Leser die ganze Härte der Freiheit spüren.

> „Wir nehmen das Wort 'Verantwortlichkeit' in seinem banalen Sinn vor 'Bewußtsein davon, der unbestreitbare Urheber eines Ereignisses oder eines Gegenstands zu sein' [...], denn die schlimmsten Übel oder die schlimmsten Gefahren, die meine Person zu treffen drohen, haben nur durch meinen Entwurf einen Sinn; und sie erscheinen auf dem Grund des Engagements, das ich bin. Es ist also unsinnig, sich beklagen zu wollen, weil ja nichts Fremdes darüber entschieden hat, was wir fühlen, was wir erleben oder was wir sind.

---

[207] Vgl. *Die Presse* (Wochenausgabe), 12.7.52, S. 6. Hier bezieht Sartre kritisch Stellung zum „Existentialismus-Hype". „Es gibt Ideen, die andauernd einer Korrektur bedürfen. Der Existenzialismus ist wandlungsfähig, ergiebig an Entwicklungen, wertvoll durch seine Vielfältigkeit. Klammern wir uns nicht an den Ausgangspunkt, sondern schreiten wir gedanklich und konstruktiv mit ihm vorwärts." Man erkennt hier Sartres Idee der Wandelbarkeit an „seiner" eigenen Richtung der Philosophie.

[208] Vgl. Sartre, *Die Wörter*, S.29, 35.

[209] Vgl. Jean-Paul Sartre, *Das Sein und das Nichts*, Hamburg 1962, S. 552.

[210] Vgl. Suhr, *Sartre*, S.86.

Diese absolute Verantwortlichkeit ist übrigens keine Hinnahme: sie ist das bloße logische Übernehmen der Konsequenzen unserer Freiheit. Was mir zustößt, stößt mir durch mich zu, [...]."[211]

Alles ist unsere Wahl. Unser Leben, unser Bewusstsein (Für-Sich-Sein) ist unsere freie Wahl. „Man muss bewusst sein, um zu wählen, und man muss wählen, um bewusst sein zu können. Wahl und Bewusstsein sind ein und dasselbe."[212] Warum sich einer als Kämpfer und der andere als Feigling wählt, bleibt uns zwar unerkenntlich, dadurch ist die Ur-Wahl aber nicht irrational, eher vorrational und vorwillentlich. Was jemand in einer Situation macht, ist Ausdruck seiner Wahl und damit ist es ihm als verantwortliche Person zuzuschreiben.

Wir entwerfen uns selber, aber nicht nur uns, auch die Welt um uns entwerfen wir nach unseren Vorstellungen. Hier lehnt Sartre sich an seine beiden Lehrmeister Heidegger und Husserl an. In der Phänomenologie geht es um die Erscheinungen, welche nicht mehr als Manifestation der Dinge-an-sich gesehen werden wie bei Kant. Die Welt ist nicht bloßes Vorhandenes, was unabhängig vom menschlichen Dasein existiert. Die Wirklichkeit braucht das Subjekt, um sich zu manifestieren, denn eine objektive Wirklichkeit wäre widersinnig. Unser Bewusstsein gibt den Dingen erst einen Sinn, denn alle Akte des Bewusstseins sind sinnstiftend und konstituieren überhaupt erst ihre Gegenstände. Diese Intentionalität, das Gerichtet-Sein auf etwas, übernimmt auch Sartre. „Wir wählen die Welt – nicht in ihrem Aufbau als solchen, sondern in ihrer Bedeutung –, indem wir uns wählen."[213] Die Wahl wird vollzogen durch eine

---

[211] Vgl.. Jean-Paul Sartre, *Das Sein und das Nichts*, Hamburg 1962, S. 950.

[212] Vgl. Sartre, *das Sein und das Nichts*, S. 558. Aber siehe auch: Walter Biemel, *Sartre*, Hamburg 1963, S. 103

[213] Vgl. Sartre, *das Sein und das Nichts*, S. 558.

Nichtung, da wir leugnen die Welt zu sein, kommt sie als „Entwurf auf ein Mögliches"[214] zu Stande. Die Freiheit ist also bei Sartre etwas Negatives, auch wenn dieses für uns, die die Freiheit als Selbstgesetzgebung sehen, unnatürlich aussieht. Aber es leuchtet ein, wenn man erkennt, dass wir Freiheit denken als Negation von Hemmungen und Hindernissen.[215] „Unter diesen Umständen kann die Freiheit nichts anderes sein als diese Nichtung."[216] Hier hat die Freiheit den Bezug zum Gegebenen. In unserem Denken ist Freiheit aber noch mehr als nur eine „Nichtung von Hindernissen", es ist Willensfreiheit und die damit zusammenhängende Verantwortung.

In Sartres Konzeption des menschlichen Daseins und der Welt braucht er zwei Seins-Typen[217], das An-Sich-Sein und das Für-Sich-Sein. Alles, was uns erscheint ist ein Phänomen, so haben wir ein *präreflexives Cogito*, ein Selbstbezug auf das eigene Erleben. Es ist das „wissende Selbstverhältnis der Bewusstseinsvollzüge"[218], welches vor jeder Reflexion liegt. Sartre bringt hier das Beispiel vom Zigaretten zählen, ich kann nicht zählen, ohne vom Zählen zu wissen, aber ich muss auch vom Zählen wissen, wenn ich zähle. Doch auch er sah, dass wir die Welt nicht im Ganzen mit unserem Geist erfassen können. Es gibt auch das An-sich-Sein, das wir nicht verstehen können, doch hierüber sagt er nicht viel. Das Sein (An-Sich-Sein) ist uns also nicht vollkommen zugänglich. Wie man schon im Titel seines großen philosophischen Werks *Das Sein und das Nichts* erkennt, ist die Freiheit auch abhängig vom Nichts. Aber, was ist dieses

---

[214] Vgl. Sartre, das Sein und das Nichts, S.62.

[215] Vgl. Suhr, *Sartre*, S. 104..

[216] Vgl. Sartre, *das Sein und das Nichts,* S.48.

[217] ebd. S.94.

[218] Ulrich Pothast, *Die Unzugänglichkeit der Freiheitsbeweise*, Frankfurt am Main 1987, S.88.

Nichts? Wie kommt es in die Welt? Wie wir schon oben gesehen haben, ist es eine Negation, ein Fehlen von Dingen. Aber dieses Fehlen von Etwas ist auch der Schlüssel zur Freiheit, „weil die menschliche Realität nicht genug ist, ist sie frei; weil sie fortwährend sich selbst entrissen wird und weil das, was sie gewesen ist durch ein Nichts von dem getrennt ist, was sie ist und sein wird."[219] Dieses Nichts bekommt nur Sinn im Bezug auf Erwartungen.

„Sobald man nämlich dem Bewusstsein diese verneinende Kraft sich selbst und der Welt gegenüber zuschreibt, sobald die Nichtung einen integrierenden Bestandteil der Setzung eines Zieles bildet, muss man anerkennen, dass die unerläßliche und grundlegende Bedingung jeder Tätigkeit die Freiheit des handelnden Wesens ist."[220]

Das Nichts kommt also durch den Menschen in die Welt. Die ganze existierende Welt hat Negiertheit in sich, wie Abwesenheit, Veränderung, Andersheit, usw.[221] Das Nichts ist damit eine Leistung des Bewusstseins, da es sich von seiner Vergangenheit lösen muss. „Das Bewusstsein lebt als Nichtung seines vergangenen Seins."[222]

Das Für-Sich hat also die Fähigkeit zur Nichtung. Der Mensch ist somit ein Sein, das ist, was es nicht ist, und nicht ist, was es ist.

---

[219] Vgl. Sartre, *das Sein und das Nichts*, S. 561.

[220] ebd. S.43. Mensch ist ständig von sich selbst losgerissen, er ist nicht-mehr (Vergangenheit), was er war und noch-nicht (Zukunft), was er sein wird.

[221] Vgl. Pothast, *Die Unzugänglichkeit der Freiheitsbeweise*, S.94. Sartre unterscheidet 2 Arten des Nichts einmal „neant" und „rien". Sartre steht hier im Gegensatz zu Heidegger.

[222] Vgl. Suhr, *Sartre*, S.111.

Bei der Nichtung entwirft man sich auf ein Ideal hin, welches noch nicht existiert, zum Beispiel „ich bin glücklich", dieses wird nun als „reines gegenwärtiges Nichts [gesetzt]" [223], also negiert. Es steht nun zum gegenwärtigen Sein im Konflikt: „ich bin nicht glücklich." Wir haben die Fähigkeit, einen Gedankengang abzubrechen und einen neuen anzufangen. Dieses klingt simpel, bezeugt aber nach Sartre unsere Freiheit. „Das, was die Subjekte in diesem Bruch befähigt, ist ihre Freiheit." Wir haben die Freiheit, uns jeder Zeit anders zu entscheiden, eine konträre Wahl zur vorherigen zu treffen.

Ich [Sartre, K.L.] lebe in einer geistig aufgewühlten Welt, strebe aber nicht nach einem festen Punkt, nicht nach einem Nullpunkt (und darüber hinaus), weil es im menschlichen Dasein, Nullpunkt und darüber hinaus' nicht gibt. Wir leben, und wer lebt, wandelt sich. Unsere Epoche wird beherrscht durch den Gedanken: ‚Welche Freiheit soll ich mir wählen, um meinen Glauben an die Welt, meine Schaffenslust für die Allgemeinheit zu stärken und seelisch zu verankern? Dieser Weg ist uns durch den Existenzialismus gewiesen, er mündet in den Gedanken, existenzielle Grundsätze zu schaffen, die uns alle befriedigen." [224]

Wie schon bei Husserl und Heidegger kommt alles auf den Menschen und sein Bewusstsein an. Katastrophen und Übel sind nur durch den denkenden Menschen als diese begriffen. Ohne den Menschen gibt es keine zeitlichen Zusammenhänge, da es keinen mehr gibt, der differenziert (Für-sich-Sein). Der Mensch ist als einziger immer Für-Sich und damit auf ein Zukünftiges gerichtet. Schon an dem Satz „Ich bin ein Idiot" ist dieses zu sehen, da man hier schon über sich hinaus ist. Man erkennt sich als Idiot und ist damit keiner mehr. „Die Freiheit ist aber kein Wesen. [...] Die Freiheit wird Akt und wir erreichen sie für

---

[223] Vgl. Sartre, *das Sein und das Nichts*, S.42.

[224] *Die Presse* (Wochenausgabe), 12.7.52, S. 6

gewöhnlich durch den Akt hindurch,[...]."²²⁵ Die Handlung ist wichtig für Freiheit, sie bestimmt das menschliche Dasein. Sartre sieht das Handeln intentional.²²⁶

Die Voraussetzung für die Handlungsstruktur ist die Seinsstruktur (ontologische Struktur). Unsere Handlung offenbart uns Freiheit und sie definiert den Menschen, denn die Existenz des Bewusstseins geht der Essenz voraus. Die Subjektivität ist also nicht vorgegeben. „Sie findet sich existierend, aber wie sie existieren will, welche Lebensmöglichkeiten sie realisieren will, ist ihrem Entwurf anheim gestellt."²²⁷

Sartre stellt hier der Handlung/Tätigkeit, welche nicht kausal bestimmt ist, im Kontrast zu einer Bewegung, welche determiniert ist. Handlungen sind phänomenologisch intentionale Akte, damit sind sie nicht auf jetzige Dinge bezogen, sondern auf die Zukunft. Dieses „Sich-Entwerfen" hat aber keinen Abschluß, da das Bewusstsein des Menschen erst mit seinem Tod endet. Im Tod siegt das An-Sich sein. Jede Tätigkeit muss damit intentional sein. Sie muss ein Ziel haben, und „das Ziel bezieht sich seinerseits auf einen Anlaß."²²⁸ Es stellt die Verwirklichung einer Seinsmöglichkeit dar und die Handlung geht über das Sein hinaus.²²⁹

Dieses ist wohl Sartres stärkstes Argument gegen den Determinismus, denn das Handeln erhält seinen Sinn vom Nicht-Seienden, so wird der Akt nicht von der

---

[225] Vgl. Pothast, *Die Unzugänglichkeit der Freiheitsbeweise*, S.93.

[226] Vgl. Sartre, *das Sein und das Nichts*, S.46.

[227] Vgl. Pothast, *Die Unzugänglichkeit der Freiheitsbeweise*, S.89.

[228] Vgl. Sartre, *das Sein und das Nichts*, S.111.

[229] Vgl. Pothast, *Die Unzugänglichkeit der Freiheitsbeweise*, S.96.

Vergangenheit oder der Gegenwart bestimmt, sondern von der Zukunft. „Der Handelnde sah einen bestimmten Missstand, machte eine bestimmte Erfahrung, und das motivierte ihn zu seiner Handlung."[230]

Wir geben also der Zukunft diesen Sinn, so wie wir auch der Welt ihren Sinn geben. Der Sinn der Welt ist damit nicht objektiv gegeben, sondern durch unsere Zwecksetzung. Man darf den Zweck nach Sartre nicht mit der Ursache verwechseln. Die Ursache ist in der Welt, sie ist kausal, der Zweck jedoch ist nicht in der Welt, er verweist auf ein mögliches Sein. Der Mensch ist bei der Zwecksetzung vollkommen autonom, doch er kann es nur, weil er einen Abstand zur Welt hat. Er muss sie vorher nichten. Man geht von einer bestehenden Mangelsituation aus und projiziert dagegen eine noch nicht erreichte Zukunft, sowie die Mittel diese zu erreichen, diese Mittel aber nun werden wieder auf die Gegenwart zurückbezogen und man wählt den Weg zum erstrebten Ziel.

Die Arbeiter in Sartres Beispiel können es nicht. Sie halten ihre

> „Leiden nicht für unerträglich, [sie] pass[en] sich ihnen an, nicht etwa aus Resignation, sondern weil [ihnen] die notwendige Bildung und Denkfähigkeit fehlt, um sich einen sozialen Zustand vorzustellen, wo es solche Leiden nicht mehr geben würde. Folglich [werden] [sie] nicht tätig."[231]

Diese Arbeiter können also nicht tätig werden. In dem das Für-Sich-sein als Überschreitung des Gegebenen seine Zwecke wählt, „erschafft" es sich, wie es auch die Situation macht. „Der Mensch ist damit nichts anderes als das, wozu er sich macht." Dieses sagt Sartre schon in der Schrift Der Existentialismus ist ein Humanismus. Natürlich sind Zwecke immer auch abhängig von Möglichkeiten.

---

[230] ebd.

[231] Vgl. Sartre, das Sein und das Nichts, S.41.

In der Tradition von Leibniz und Aristoteles wurden Möglichkeiten in zwei Kategorien gegliedert. Einmal die logischen Möglichkeiten, diese müssen widerspruchsfrei denkbar sein und ein anderes Mal die realen Möglichkeiten, hier sind die Dinge eine Art Potenz. Sartre geht über beide Ansätze hinaus und stellt seine Idee der existentiellen Möglichkeiten dagegen. Hier muss die Möglichkeit von uns entworfen sein. Auch der Gedanke des Willen (gemeint ist der bewusste Wille), der so oft für die Argumentation der Freiheit eintreten musste, wird von Sartre modernisiert. Zuerst werden die Zwecke gefasst, dann erst kommt der Wille. Der Wille ist nicht die treibende Kraft, er ist nur ein psychologisches Ereignis unter vielen. So ist nicht der Wille der Grund der Freiheit, sondern die Freiheit ist Grund für den Willen! Er widerspricht nicht der grundlegenden Wahl, die wir getroffen haben, sondern er steht auch in ihrem Dienste.[232] Der Wille stimmt der Entscheidung der Freiheit nur zu. Ein anderer Aspekt hängt auch noch sehr eng an Sartres Freiheitsbegriff: die Angst. Die Angst wird dabei genau unterschieden von Furcht. Furcht ist „Furcht der Wesen (etres) vor der Welt [...] und die Angst vor mir. Das Schwindelgefühl ist Angst, insofern ich davor schaudere, nicht etwa in den Abgrund zu fallen, sondern mich hinabzustürzen."[233] Die Angst ist somit „das reflexive Erfassen der Freiheit durch sie selbst".

Die Unwissenheit löst hier die Angst aus, angelehnt an Kierkegaard, bei ihm schlägt „das Weltvertrauen um in die Weltangst, man ist in die Welt geworfen, ohne jede metaphysische Sicherung."[234]

---

[232] Vgl. Biemel, *Sartre*, S.110. Die Wahl ist kein ausdrücklich gefasster Entschluss, da sie jedem Entschluss vorher geht und sein Fundament darstellt.

[233] Vgl. Suhr, *Sartre,* S.111.

[234] ebd.

Eben weil ich kein determiniertes Wesen mehr bin, habe ich verschiedene Möglichkeiten und die eine ist so gut wie die andere. Kein höheres Wesen kann mich hier leiten, ich bin allein. Bei Sartre gibt es keine ewigen Werte (wie Gerechtigkeit), der Mensch und seine Freiheit setzten sich die Welt selbst, in der sie leben.

„Den Personen liegt nicht ein Schöpfungsplan, der von einem Gott entworfen wäre, zugrunde, sondern sie sind selbst die Schöpfer des Plans, nach dem ihr Leben verlaufen wird."[235] Dieses Modell wirkt auf viele vielleicht dunkel und bedrückend, aber man muss erkennen, dass Sartre hier die „radikale Verantwortlichkeit [ausspricht], die er 1943 aus der radikalen Freiheit abgeleitet hatte, [...]."[236] Der größte Unterschied zwischen den traditionellen Denkern und Sartre ist vielleicht nicht so sehr der Aspekt der Freiheit, sondern vielmehr die Auffassung vom Menschen. Bei Sartre ist der Mensch auf sich selbst gestellt, er hat die volle Verantwortung ohne transzendente Hilfe. „Die Freiheit der Menschen jagt die Götter von ihren Sitzen."[237] Der Gott, den der Held in Sartres Stück Der Teufel und der liebe Gott sucht, den auch die Tradition suchte, er lebt in uns[238] Damit gibt Es keine Wunder aber auch keine „bösen Zufälle" mehr.[239]

> „Wenn ich in einem Krieg einberufen werde, ist dieser Krieg mein Krieg, weil ich jederzeit mich ihm hätte entziehen können, durch Selbstmord oder Fahnenflucht: diese

---

[235] Vgl. Pothast, *Die Unzugänglichkeit der Freiheitsbeweise*, S.89. Natürlich schafft der Mensch die Gegebenheiten nicht selber, aber er verleiht ihnen den Sinn, denn sie sind in seiner Welt.

[236] ebd. S.87.

[237] Vgl. Hans Egon Holthausen, *Der unbehauste Mensch*. 1951, In: Biemel, *Sartre,* S.170.

[238] ebd. S.171.

[239] Vgl. Sartre, *das Sein und das Nichts*, S.66.

äußersten Möglichkeiten sind diejenigen, die uns immer gegenwärtig sein müssen, wenn es darum geht, eine Situation ins Auge zu fassen."[240]

Diese radikale Verantwortung verbunden mit der Angst wären bei Schelling oder Leibniz unmöglich gewesen. Freiheit sollte beruhigen und nicht Angst machen. Bei Sartre scheint der Determinismus ein letztes Sicherheitsseil gewesen zu sein, doch da ich nun nicht mehr determiniert bin, sind auch meine Motive wie die Selbsterhaltung nur Möglichkeiten, die ich wählen kann aber nicht muss.[241]

---

[240] ebd. Sartre ist hier sehr hart: Dieses sind Grenzformen der Wahl, da ich mich nur durch Lebensgefahr oder Selbstmord dem Krieg hätte entziehen können.

[241] Vgl. Suhr, *Sartre*, S.114.

Sartre und die moderne Hirnforschung: Ist Freiheit Illusion?

Philosophie darf nie nur theoretisch gesehen werden, man muss immer auch ihre Anwendbarkeit prüfen. Gerade Sartres Philosophie zeichnet sich durch ihren praktischen Charakter aus, doch ist sie wirklich gesellschaftstauglich? Wo liegt die Verantwortung in Sartres Konzept der Freiheit und „was bringt Menschen dazu, entsetzliche Verbrechen zu begehen – folgen sie ihrem freien Willen oder treibt sie etwas krankhaft Böses dazu?"[242] Mit diesem Thema beschäftigen sich heutzutage nicht nur Philosophen, sondern eher Neurobiologen, sie werten die Bilder aus, die der Kernspintomograf von den Tätern liefert. Die Unbegreiflichkeit der Verbrechen (wie beim Österreicher Josef Fritz) läßt Wissenschaftler und Öffentlichkeit immer wieder über die Gründe diskutieren und die Freiheit ist dabei ein wichtiges Argument, nicht nur juristisch, sondern auch moralisch. „Was passiert im Gehirn eines Täters? Gibt es eine biologische Substanz zu entdecken, ein Substrat des Bösen?"[243] Hier liegt auch der Nachteil, wenn das Verbrechen ein biologisches Problem ist, dann bleibt für das Strafrecht kein Raum. Was passiert, wenn die Mediziner das Böse wegerklären? Krank oder Böse? Die Medizin sieht es oft eindeutig: „Gene, frühkindliche Erlebnisse, soziale Umgebung – alles gräbt sich ins Gehirn ein. Unser Handeln in einer spezifischen Situation ist durch die Verschaltung in unserem Gehirn determiniert."[244]

Kann man die Schuldfrage wirklich so einfach beantworten? Ist es wirklich der Fall, dass „die Idee eines freien menschlichen Willens [...] mit

---

[242] Vgl. Der Spiegel 19/2008 vom 5.5.2008, S.64.

[243] ebd. S.65.

[244] ebd. S.66.

wissenschaftlicher Überlegung nicht zu vereinbaren" ist?[245] Wie verändert es auch die Gesellschaft und die Auffassung von einer Straftat, wenn jedes kriminelle Verhalten durch ein Pathologisches bedingt ist?

Mitte der neunziger Jahre hatte der Kriminalpsychologe Adrian Raine in den USA bei Mördern unterentwickelte Stirnhirnregionen entdeckt. Seither sind die bildgebenden Verfahren immer feiner geworden. [246]

Es wäre jedoch falsch das Schuldprinzip aus dem Strafrecht zu streichen, an der Freiheit des Menschen hängt mehr als nur das Grundgesetz, es ist eine Säule aller Demokratien der Welt, es ist ein Weltprinzip. „Das Schuldprinzip, Legitimation, Maß und Grenze staatlichen Strafens, ist nicht mehr aufrechtzuerhalten", wenn Mörder und Kriminelle nicht anders konnten als so zu handeln. [247] Die Konsequenzen betreffen unseren alltäglichen Umgang, „insbesondere unsere Praxis, menschliches Verhalten zu bewerten, es zu loben oder zu tadeln, zu belohnen oder zu bestrafen."[248]

Ohne Willensfreiheit kann man den Handelnden aber keine Unmoralität vorwerfen. Moral an sich verliert ihre Stellung wie Schuld. Auch die Praxis des Strafens ist hiervon betroffen, da Strafe an Schuld und Schuld an Freiheit gebunden ist. Ein ähnliches deterministisches System kam schon im 19. Jahrhundert auf, hier wollte der Rechtslehrer Franz von Liszt ein Strafrecht, das ohne die Legitimation der Schuld auskommt, weil es ausschließlich die Besserung des verwirrten und des in seinen biologischen und sozialen

---

[245] Michael Pauen. *Illusion Freiheit?* Frankfurt am Main. 2006. S.11.

[246] ebd. S.66

[247] Vgl. Spiegel, S.68.

[248] Vgl. Pauen. *Illusion Freiheit?* Frankfurt am Main. 2006. S.11.

Bedingungen verirrten Täters zum Zweck hatte.249 Doch es scheiterte. Sartre sah, dass die Freiheit das Band ist, welches die Gesellschaft zusammen hält und mit konzipieret.[250]

Das Subjekt „wählt nicht nur sich selbst, sondern es wählt sich gegenüber einer von ihm mitgewählten Welt."[251] Diese Wahl wird in jedem Augenblick neu vollzogen. „Frei sein heißt, kraft des ursprünglichen Entwurfs das ganze Gewicht der Welt auf seinen Schultern zu tragen."[252] Ich bin also für meine Existenz und alle meine Handlungen selbst verantwortlich.

Dieses scheint für uns eine sehr radikale Verantwortlichkeit zu sein, aber man kann erkennen, dass wir sie in einem gewissen Sinne benötigen. Die Schuld der Täter ist ein „Götzenbild", das wir brauchen.[253] Wenn der Angeklagte nicht frei handelt, dann kann das Gericht und die Gesellschaft ihm keinen Vorwurf machen, er kommt in eine Psychiatrie, weil sein limbisches System nicht richtig funktioniert.

Durch dieses Urteil ist zwar der Täter schuldunfähig, verliert aber auch seine Freiheit und wird von Fremden bestimmt. Anders als im Gefängnis ist die Forensik auf eine unbestimmte Zeit angelegt.

Die Hirnforschung ist wichtig und brauchbar für die Untersuchung der Straftäter, doch es ist zu einfach Massenmördern wie Hitler oder Stalin die

---

[249] ebd. Der lächerliche Höhepunkt kam 1876. Der Turiner Mediziners Cesare Lombrose wollte Täter an Hand ihrer äußeren Merkmale erkennen wie blutunterlaufene Augen und großen Schneidezähnen.

[250] ebd. S.99.

[251] Vgl. Pothast, *Die Unzugänglichkeit der Freiheitsbeweise*, S.98.

[252] ebd.

[253] Vgl. Speigel. S.72.

Verantwortlichkeit abzusprechen, weil sie von „extrem starken Motiven" dazu getrieben worden sind.[254] Die Freiheit ist zu wichtig, als dass man sie einfach wegerläutern kann. Philosophen müssen zeigen, dass Menschen oft anders handeln können, wenn sie wollen, auch wenn sie von außen determiniert sind. Sartre sieht es ähnlich: „Die menschliche Realität erscheint als ein freies Können, das von einem Insgesamt determinierter Abläufe umzingelt ist."[255] „In der Zeit in der wir leben, in unserem Jahrhundert der Gewalt, des Blutes, ist der erwachsene Mensch von heute [...] zwangsläufig Zeuge oder Mithandelnder geworden und hat eine Verantwortung übernehmen müssen."[256]

Sartres Begriff der Verantwortung ist eine Art Urheberschaft. Aufgehoben von jeder ethischen oder moralischen Verantwortung, ist es in diesem Sinne einer Autorenschaft zu sehen.

Nach Sartre befreit uns die Faktizität nie von unserer Verantwortung, weil wir als Menschen leben und dieses bedeutet „das Faktische in seinen Sinn-Entwurf" aufzunehmen.[257] Sehr deutlich sieht man diese Verbindung von Freiheit und Verantwortung in einem Ausspruch im Drama *Die Fliegen*:

„Das schmerzlichste Geheimnis der Götter und Könige: Dass nämlich die Menschen frei sind. [...] Wenn einmal die Freiheit in einer Menschenseele

---

[254] ebd. S. 74.

[255] Vgl. Biemel, *Sartre*, S.130. Siehe auch Pauen, S. 13ff.

[256] Der Spiegel, Nr.20/1960. S.70. Sartre hier über das Stück „die Eingeschlossenen vom Altona".

[257] Vgl. Pothast, *Die Unzugänglichkeit der Freiheitsbeweise*, S.100. „Tatsächlich bin ich für alles verantwortlich, außer für meine Verantwortung selbst."

aufgebrochen ist, können die Götter nichts mehr gegen die Menschen. Denn das ist eine Menschenangelegenheit."[258]

Man muss Sartres radikale These nicht unterstützen, dass es „[...] die Eigentümlichkeit der menschlichen Realität [ist], dass sie ohne Entschuldigungsgrund ist."[259] Doch man muss sehen, dass die Vermutung, dass Menschen frei handeln, die Entscheidung für den Respekt vor der Menschenwürde ist.[260]

---

[258] Sartre, *Die Fliegen*, S.54.

[259] Sartre, *Die Fliegen*, S.54.

[260] Vgl. Spiegel. S.77.

Ich würde nicht schreiben aus Freude am Schreiben

Anders als vielleicht Kant, aber ähnlich wie Nietzsche war Sartres Philosophie auch immer eine Geschichte seines Lebens und Leidens, vielleicht reißen uns seine Argumente deswegen so mit. Man könnte sagen, er lebte seine Philosophie. „Ich konnte nicht zulassen, dass man das Sein von außen empfängt, [...]."[261] Die Welt wird intentional auf die Zukunft gerichtet, weil auch er „aus Zukunftserwartung geboren war.[262] Die Zukunft zieht ihn an. Die Vergangenheit dagegen wird abgewertet. „Wieso hätte mich [Sartre, K.L.] die Vergangenheit bereichern sollen? Sie hatte mich nicht geschaffen."[263] Der Mensch muss alles selbst schaffen aus seinem Bewusstsein durch Nivellierung, diese Stärke und Verantwortung drückt Sartre auch sich selbst auf. „Ich selbst stieg aus meiner Asche empor und entriß dem Nichts das Gedächtnis an mich in einem stets neuen Schöpfungsakt."[264] Er fragt sich selbst: „Habe ich das Böse geahnt, die Abwesenheit Gottes, die Unbewohnbarkeit der Welt?" Und bejaht es.[265]

Natürlich ist Sartres Ansatz nicht ohne Kritik zusehen, so hat nicht alles Mögliche den Charakter des Vorgestellten.[266] Vieles, war mir geschieht, wurde von anderen vorgestellt, geplant und beschlossen ohne meine Einwirkung,

---

[261] Vgl. Sartre, *die Wörter*, S.134.

[262] ebd.

[263] ebd.

[264] ebd. Natürlich muss man hier mit Vorbehalt herangehen, da Sartre hier Poet und nicht Philosoph ist und damit Geschehnisse, aber auch Ideen poetisch einfärbt.

[265] ebd. S.129.

[266] Vgl. Pothast, *Die Unzugänglichkeit der Freiheitsbeweise*, S.91.

gerade im Kindesalter aber auch später in der Gesellschaft.[267] Auch ist es fragwürdig zu behaupten, dass meine Möglichkeiten mein ganzes Wesen sind, sie sind eher ein Teil. „Vieles von dem, was ich vorfinde, kann ich nicht ändern, einiges davon gehört vielleicht sogar zu meinem Wesen, [...]."[268]

Auch Sartres Handlungs-Konzeption ist argumentativ nicht unbedingt schlüssig, da Handlungen mehr sind als bloße Entwürfe eines Bewusstseins, welches seine Möglichkeiten austestet.[269] Es gibt auch Philosophen, die Sartre in diesem Punkt mangelnde Schärfe vorwerfen, sie sehen sein Denken als unklar und redundant.

Ein anderer Kritikpunkt ist die radikale Verantwortlichkeit Sartres, die keine „praktsich relevante Verantwortlichkeit" ist.[270] Bei ihr gibt es keinen Unterschied zwischen Vorstellen und Handeln. „Sartres Verantwortlichkeit hat mit den Handlungen der Personen nur noch wenig zu tun."[271] Man kann mit ihr keine Folgen von Handlungen mehr abwägen.

„Die Schwachpunkte in Sartres Werk liegen nicht auf der Ebene der Kohärenz, sondern sie bestehen in der Unfertigkeit des philosophischen Gedankengebäudes."[272] Trotz dieser Kritik, muss man Sartre zugestehen, dass er mit seiner Philosophie ein Lebensgefühl entworfen hat. Die Freiheit ist eine Bewusstseinsleistung. Das Bewusstsein des Subjekts konstituiert Welt. „Die Freiheit ist nicht irgendeine Eigenschaft des Menschen, sondern sein Sein ist nur

---

[267] ebd. S. 91.

[268] ebd. S.94.

[269] Vgl. Spiegel. S.77.

[270] ebd. S.103.

[271] ebd. Sie ist damit keine richtige moralische Verantwortlichkeit mehr.

[272] Bernard N. Schumacher In: *Klassiker Auslegen, Das Sein und das Nichts*. 2003. S. 3.

möglich als ständiges Sich-entwerfen."²⁷³ Das Gewicht der Welt zu tragen, diese Verantwortlichkeit ist keine moralische Situation mehr, es ist eine Seinsweise.²⁷⁴

Der Mensch bekommt seine Freiheit nicht geschenkt, sondern er muss sich selbst wählen. Es ist nach Sartre die Aufgabe unsere Zeit dieses auszubauen.

„Eine Aufgabe, um deren Bezwingung die wertvollen Köpfe unserer Zeit ringen; eine Aufgabe, die einen Ring um alle Völker schliesst, denn allen Völkern wohnt die Hoffnung inne, zur Gestaltung der Freiheit im geistigen und sozialen Leben zu gelangen. Auf europäischem Boden sind – historisch gesehen – die furchtbarsten Kämpfe um die Freiheit geführt worden, und wir können nicht sagen, ob sie nicht wieder geführt werden müssen. In diesem Sinne bedeutet Europa den Durchgangspunkt für alle dem wahren Menschentum dienenden Bestrebungen." ²⁷⁵

In diesem Sinne macht auch der zunächst paradoxe klingende Ausspruch Sartres Sinn: „So sind Freiheit, Wahl, Nichtung und Zeitigung ein und dasselbe."²⁷⁶ Doch ist man wirklich frei, wenn man „zur Freiheit verdammt ist", wenn man sich immer neu wählen muss? Sartres Antwort ist „Ja".

Denn wir haben eine Anzahl von Möglichkeiten gegeben, die wir wählen können, und die alten Lebensmodelle können wir zu jeder Zeit absetzen.²⁷⁷

---

²⁷³ Vgl. Biemel, *Sartre*, S.106.

²⁷⁴ Vgl. Pothast, Die Unzugänglichkeit der Freiheitsbeweise, S.104.

²⁷⁵ *Die Presse* (Wochenausgabe), 12.7.52, S. 6.

²⁷⁶ Vgl. Biemel, *Sartre*, S.106. Freiheit bedeutet also sich auf eine Zweck hin entwerfen zu können und in diesem Entwerfen das eigene Sein zu wählen , S.113.

²⁷⁷ Auch wenn dieses uns oft umständlich oder fast unmöglich erscheint können wir unsere immer wieder ändern

Man darf die Freiheit in Sartres Konzept nicht als etwas Gegebenes sehen, wie die Tradition es tat, sondern als etwas Werdendes, als etwas an dem jeder einzelne arbeiten und sich behaupten muss.[278] Dieses genau ist der revolutionäre Schritt Sartres. „Sein Denken unterliegt weder dem Wandel der Zeit noch der Mode, [...]. Noch heute ist er ein 'Gewissen Frankreich', an dem man kaum vorbei kommt."[279] Dieses macht ihn zu einem von uns, zu einem Denker unserer Zeit und zu einem lebendigen Autor.

> „Ich würde nicht schreiben aus Freude am Schreiben, sondern um diesen unsterblichen Teil in Wörter zu verwandeln."[280]

---

[278] ebd. S. 114.

[279] Bernard N. Schumacher In: *Klassiker Auslegen, Das Sein und das Nichts*. 2003. S. 1.

[280] Vgl. Sartre, *die Wörter*, S.110.

Literaturverzeichnis

Primärliteratur:

Sartre, Jean Paul: das Sein und das Nichts, Hamburg 1962.

Sekundärliteratur:

Biemel, Walter: Sartre. Hamburg 1963.

Hirschberger, Johannes: Geschichte der Philosophie. 2 Bde. Frankfurt am Main 21980

Pauen, Michael: Illusion Freiheit? Frankfurt am Main 2006.

Pothast, Ulrich: Die Unzugänglichkeit der Freiheitsbeweise. Frankfurt am Main 1987.

Sartre, Jean-Paul: Die Wörter. Hamburg 1968.

Schumacher, Bernard, Klassiker auslegen – Das Sein und das Nichts. 2003.

Der Spiegel 19/2008 vom 5.5.2008.

Der Spiegel 20/1960

Die Presse (Wochenausgabe), 12.7.52

Suhr, Martin: Sartre. Hamburg 2001.

Nina Strehle (2002): Der Blick und das Schamgefühl in Jean-Paul Sartres Werk "Das Sein und das Nichts"

Einleitung

Der Kerngedanke des Werkes *Das Sein und das Nichts. Versuch einer phänomenologischen Ontologie* von Jean-Paul Sartre ist die Aufspaltung des Seins in zwei verschiedene Seinsweisen: das *An-sich-sein* und das *Für-sich-sein*.

Alles gegenständliche, nicht-menschliche Sein existiert in der Art des *An-sich*, d. h. eines Seins, das mit sich selbst identisch ist. Gegenstände sind kurzerhand nur das, was sie sind. Ich nehme eine Welt wahr, die aus lauter Objekten bzw. *An-sichs* besteht und deren Zentrum ich bin.

Der Mensch besitzt die Fähigkeit, Bewusstsein von sich zu haben. Dieses Sich-Bewusstsein unterscheidet sich von seiner bloßen körperlichen Existenz und dem *An-sich* der nichtmenschlichen Dinge. Der Mensch existiert im Modus des *Für-sich*, da er nicht mit sich selbst identisch ist.

In dem Moment, in dem mich ein anderer Mensch erblickt, werde ich meiner selbst bewusst. Ich bin Objekt bzw. *An-sich* für einen *Andern*, der selbst Subjekt ist. Mein Wesen wird im Blick *des Andern* geschaffen, doch mein Sein ist von ihm abhängig, durch ihn bestimmt. Ich bin nicht *An-sich*, denn ich bin mehr als nur gegenständlich, und nicht *Für-sich*, denn ich bin nur, insofern ich *für-andere* bin. Ich bin mein eigenes Nichts.

Wenn ich nun zum Objekt eines fremden Subjekts werde, schäme ich mich. *Schamgefühl* ist Ausdruck eines Protestes gegen ein Etikett und gleichzeitig dessen Zustimmung. Der Mensch ist das, was er nicht ist, und ist nicht, was er ist.

Dennoch kann mich das *Schamgefühl* dazu veranlassen, zu meinem Wesen zurückzufinden. Ich kann *den Andern* sodann als Objekt erfassen, doch ich muss darauf Acht geben, ihn als solches zu fixieren. Ansonsten kehrt sich der beschriebene Prozess erneut um.

In den nachfolgenden Kapiteln sollen Jean-Paul Sartres Ausführungen über *Blick* und *Schamgefühl* beleuchtet und veranschaulicht werden, um Einsicht in die Kerngedanken seines Werkes und in allgemeine Anschauungen des Autors zu erhalten.

Der Andere

In meinem Leben begegne ich verschiedenen Gegenständen, die sich in ihrem Dasein, ihrer Qualität und ihren Beziehungen zu meiner Welt zusammenfügen.

Bei einem Spaziergang durch den Park nehme ich beispielsweise Steine, Bäume, Wiesen und Hunde wahr, die ich beschreiben kann. Die Wiese ist grün, die Bäume stehen dicht beieinander und werfen Schatten, der Hund schnüffelt an einem Stein.

Begegne ich einem Menschen, so erfährt die Vorstellung meiner Welt eine tiefgreifende Wandlung. Dieser Mensch, der sich von den üblichen Dingen meines Universums unterscheidet und durch den sich jene Umgestaltung vollzieht, wird von Jean-Paul Sartre der Andere genannt.

An dieser Stelle soll deshalb erläutert werden, was ich überhaupt sagen will, wenn ich von einem Gegenstand behaupte, dass er ein Mensch sei.

Der Andere als Objekt

Gehe ich in einem Park spazieren, sehe ich die Natur um mich herum. Es gibt Steine, Wege, Blumen, Bäume, Tiere und Menschen. Dies ist die Welt, die ich wahrnehme, und die in ihr enthaltenen Dinge sind einfach so, wie sie sind. Ihr Sein kann unter Sartres Begriff des *An-sich* zusammengefasst werden.

In diesem Zusammenhang ist ein anderer Mensch nur ein Gegenstand mehr unter den übrigen Objekten. Seine Beziehung zu den Dingen ist rein additiv, er wird quasi zu ihnen hinzugefügt: er wirft einen Stein, pflückt eine Blume, führt einen Hund spazieren.

Der Andere als Subjekt

Eine radikale Wandlung erfährt mein Ausflug in den Park, wenn ich den anderen Menschen nicht mehr als Gegenstand, sondern als Menschen, als Person, wahrnehme.

Der Andere hat ähnliche Fähigkeiten wie ich. So wie er zuerst Gegenstand für mich war, so kann er mich gleichermaßen zu seinem Objekt machen.

Das Problem liegt darin, dass man nicht Objekt für ein Objekt sein kann. Die Objektivität setzt indirekt die Subjektivität voraus: wo ein Objekt auftritt, muss auch immer ein Subjekt anwesend sein. Indem *der Andere* mich nun als seinen Gegenstand wahrnimmt, beraubt er mich meiner Subjektivität.

Die Dinge, die ich zuvor wahrgenommen habe, organisieren sich nun um ihn als Subjekt herum. Zwar bleibt sein Umfeld Bestandteil meiner Welt, aber ich bin nicht mehr das Zentrum dieser Beziehungen. Freilich sind die Steine, Bäume und Tiere immer noch gegenwärtig, und ich kann annehmen, dass *der Andere* sie in gleicher Weise erfasst wie ich, doch es kann nur bei Vermutungen bleiben. Sein Bewusstsein ist mir unzugänglich.

Obwohl beispielsweise die Wiese meiner Ansicht nach grün ist, so kann ich doch niemals das Grün nachempfinden, das andere Menschen sehen. Man kann deshalb niemals von Intersubjektivität sprechen, da das Wechselspiel der Objekt-Subjekt-Beziehung keine wirkliche Nähe zulässt. Es ist für mich unmöglich, die Welt durch die Augen eines anderen Individuums zu sehen. In dieser Weise bleiben die Menschen stets voneinander entfremdet.

Indem also *der Andere* mir als ein neues Zentrum erscheint, strukturiert sich die Welt, inklusive meines Daseins, entsprechend seiner Sichtweise um. Er nimmt unvorhersehbaren Einfluss auf meine *Situationen*[281].

„So ist plötzlich ein Gegenstand erschienen, der mir die Welt gestohlen hat. [...] Die Erscheinung des Andern in der Welt entspricht also einem erstarrten Entgleiten der Welt, die die Zentrierung, die ich in derselben Zeit herstelle, unterminiert" (Sartre, 1998, S.461f.).

Wenn *der Andere* seine Welt entwirft, ordnet sich ihm das Universum, das ich wahrnehme, unter. Es entgeht mir in der Weise, in *der Andere* es sieht. Während der Begegnung mit einem Menschen entgleitet mir meine Welt und fließt quasi wie durch ein Abflussrohr ab. Das Nichts taucht in meinem Leben auf. Ich fühle mich bedroht.

Man darf sich dieses Ereignis jedoch nicht als einen konstanten Zustand vorstellen. Denn wie mir *der Andere* als Mensch begegnet und eine Desintegration meiner Welt darstellt, so sieht er in mir ebenfalls eine Person, die wiederum ihn zum Objekt machen kann. Der Kreislauf des Erblickens und Erblicktwerdens wiederholt sich fortwährend

Das Zusammentreffen mit einem Menschen wirft noch einen anderen Gesichtspunkt auf. Indem ich zunächst von außen in die Welt hinein sehe, kann ich mich selbst nicht wahrnehmen und an mir selbst keine Eigenschaften erkennen. Mir fehlt jegliche Objektivität für mich, da ich ja selbst Subjekt bin.[282]

---

[281] Für SARTRE hat der Ausdruck *Situation* eine spezielle Bedeutung, die auf S. 5 näher erläutert wird.

[282] Um mich selbst beschreiben zu können, muss ich mir selbst bewusst sein. Bewusstsein ist jedoch immer intentional, d.h. Bewusstsein von etwas, von einem Objekt. Das Problem liegt darin, dass ich für mich nicht zugleich Subjekt und Objekt sein kann.

Erst durch das Erscheinen eines *Subjekt-Andern* werde ich ein Objekt für ihn und erschaffe zugleich den Entwurf einer Welt für mich. *Der Andere* ist die Bedingung meiner Objektivität. Meine Identität ist somit von anderen Menschen abhängig. Ich kann als menschliches Wesen nicht *für-mich* existieren, sondern erfahre stets mein *Für-Andere-Sein*.

Was will ich nun sagen, wenn ich von einem Gegenstand behaupte, dass er ein Mensch sei?

Sartre fasst die Antwort folgendermaßen zusammen:

„Kurz, das, worauf sich mein Erfassen des Andern in der Welt als *wahrscheinlich ein Mensch seiend* bezieht, ist meine permanente Möglichkeit, *von-ihm-gesehen-zu-werden*, das heißt die permanente Möglichkeit für ein Subjekt, das mich sieht, sich an die Stelle des von mir gesehenen Objekts zu setzen. Das ‚Vom-Andern-gesehen-werden' ist die *Wahrheit* des ‚Den-Andern-sehens'" (Sartre, 1998, S.464).

Der Blick

Das *Für-sich* und das *Für-Andere-Sein* zeigen sich im Blick. Zur näheren Erläuterung ist deshalb eine Analyse des Blicks notwendig.

Was ist der Blick?

Unter Blick versteht man üblicherweise das Gerichtetsein zweier Augen auf einen Gegenstand oder eine Person. Ich kann die Augen meines Gegenübers beschreiben und sie dadurch zu Gegenständen meiner Welt machen.

Nach Sartres Wortbedeutung geht der Blick jedoch über das bloße Augenpaar hinaus. Wenn ich erblickt werde, fühle ich mich als Objekt eines fremden Subjekts. Ich werde mir meiner Existenz bewusst.

> „[...] wenn ich den Blick erfasse, höre ich auf, die Augen wahrzunehmen [...] Der Blick des Andern verbirgt seine Augen, scheint *vor sie* zu treten. [...] Der Blick, den die *Augen* manifestieren, von welcher Art sie auch sein mögen, ist reiner Verweis auf mich selbst" (Sartre, 1998, S.466f.).

Einen Blick erfassen heißt vielmehr, Kenntnis davon erlangen, angeblickt zu werden. Augen und Blick müssen also voneinander unterschieden werden.

Ferner zeichnet sich der Blick durch seine *pränumerische*[283] Anwesenheit *des Andern* aus. Steht man z. B. als Referent vor einem Publikum, so ist es möglich, die einzelnen Zuschauer zu zählen. In diesem Moment sehe ich sie. Werde ich jedoch von ihnen erblickt, verschmelzen die einzelnen Augen zu einem Kollektiv, zu einem einzigen Blick, der nicht mehr überschaubar ist. „Fortwährend, wo ich auch sein mag, erblickt *man* mich" (Sartre, 1998, S.505).

---

[283] nicht zählbar

Was geschieht, wenn ich erblickt werde?

Jean-Paul Sartre verdeutlicht das Moment des Erblicktwerdens am Beispiel des Voyeurs.

Ich stehe an einer Tür und sehe heimlich durch das Schlüsselloch. Meine Wahrnehmung beschränkt sich auf den Flur, das Schlüsselloch und die Geräusche hinter der Tür. Vielleicht kann ich sogar die Leute im Zimmer erkennen und ihre Gespräche genau verstehen. Ich bin derzeit hingegeben in mein unmittelbares Tun. Meine Neugierde oder Eifersucht motivieren mich.

Sartre nennt diesen Zustand *Situation*. Ich kann über mein Handeln frei entscheiden, insofern mich momentan gewisse Konstellationen und Widerstände nicht daran hindern.

In dieser Situation habe ich jedoch kein Ich-Bewusstsein. Mein Sein kommt zwar in meinem Handeln zum Ausdruck, ich erkenne es aber nicht. Ich *bin* quasi meine eigene Tätigkeit. Ich kann mein Tun nicht beurteilen und mich nicht als neugierigen Lauscher bestimmen.

„Deshalb kann ich mich nicht wirklich als in einer Situation seiend definieren: zunächst weil ich keineswegs setzendes Bewußtsein von mir selbst bin; ferner weil ich mein eigenes Nichts bin" (Sartre, 1998, S.469).

Nach Sartres Überzeugung bin ich also das, was ich nicht bin, und ich bin nicht, was ich bin. Denn einerseits *bin* ich in der Situation, in der ich kein Bewusstsein von mir habe, sozusagen nur meine Tätigkeit. Meine Handlungen machen aber nicht meine eigentliche Identität aus, denn mein tatsächliches Sein geht über jene hinaus.

Andererseits erlange ich Kenntnis meiner Person, wenn ich erblickt werde. Aber das, was *der Andere* mir auferlegt, bin ich auch nicht, denn nun bin ich das Objekt eines Fremden, gefangen in seiner Welt.

Meine Grundlage liegt außerhalb von mir und ist durch ein Nichts von mir getrennt. Dies wird erneut am Beispiel des Voyeurs deutlich.

Ich stehe also an der Tür und lausche. Plötzlich höre ich Schritte auf dem Flur. Jemand kommt, der mich sehen kann. Er ertappt mich in meiner Situation und legt mich als der fest, der ich bin, indem er sagt: Du bist ein Voyeur! Ich bekomme augenblicklich Bewusstsein von mir selbst.

> „Ich, der ich, insofern ich meine Möglichkeiten bin, das bin, was ich nicht bin, und nicht das bin, was ich bin, jetzt bin ich also jemand" (Sartre, 1998, S.475).

Aus dieser Überraschung ergibt sich folgende Problematik.

Indem ich erblickt werde, bin ich kein Subjekt mehr. Ich bin Objekt für einen anderen Menschen, der Subjekt ist, in seiner Welt. Ich kann zwar erahnen, was er wahrnimmt, aber niemals durch seine Augen sehen. Er nimmt eine Welt wahr, die ich nicht betrachten kann. Einerseits verleiht mir *der Andere* also eine Identität, aber andererseits verliere ich sie wieder, indem sie Gefangene seiner Welt ist.

Ich werde mir selbst bewusst,

> „insofern ich mir entgehe, nicht insofern ich der Grund meines eigenen Nichts bin, sondern insofern ich meinen Grund außerhalb von mir habe. Ich bin für mich nur als reine Verweisung auf Andere" (Sartre, 1998, S.470).

Die Bewusstwerdung meiner Existenz und die gleichzeitige Entfremdung meiner Welt sind ein sich ständig wiederholender Prozess, der nur durch die Anwesenheit und durch den Blick einer fremden Person in Gang gesetzt werden kann.

Die Anwesenheit des Andern

Da ich nicht durch die Augen *des Andern* sehen kann, kann ich nur vermuten, dass er mich ansieht. Reicht allein diese Wahrscheinlichkeit aus, um mich erblickt zu fühlen?

Dieser Aspekt soll an einem Beispiel erläutert werden.

Ich gehe nachts durch einen Wald. Ich nehme die Bäume wahr und betrachte den Waldweg, auf dem ich gehe. Zu dieser Zeit *bin* ich, wie bereits an der Darstellung des Voyeurs gezeigt, meine eigene Tätigkeit. Ich habe kein Bewusstsein von mir selbst.

Doch plötzlich höre ich Äste knacken. Ich habe Angst, dass mir jemand auflauern könnte. In diesem Moment entdecke ich mein Selbst, da ich mich in meiner Existenz bedroht fühle. Auch wenn sich das Geräusch als Täuschung erweist, wird die Furcht beim Gang durch die Dunkelheit gewöhnlich zum ständigen Begleiter. Stellt sich die Gegenwart eines Menschen als blinder Alarm heraus, verliert ebenso der Voyeur am Schlüsselloch nicht seine Scham.

Jean-Paul Sartre beschreibt diesen Sachverhalt folgendermaßen:

> „Statt dass der Andere nach meiner ersten Alarmierung verschwunden wäre, ist er jetzt überall, unter mir, über mir, in den Nebenzimmern, und ich spüre weiterhin zutiefst mein Für-Andere-Sein [...]" (Sartre, 1998, S.497).

Es reicht also allein die Wahrscheinlichkeit aus, dass jemand da sein könnte, mich entdeckt zu fühlen. Diese Empfindung hält an, auch wenn niemand mir auflauert oder wenn sich im Fall des neugierigen Lauschers die Schritte im Flur entfernen.

Sartre unterscheidet die *Anwesenheit* eines Menschen allgemein von seinem körperlichen *Dasein*. Ein Mensch kann in meinen Gedanken und Erinnerungen gegenwärtig sein, obwohl er in Wirklichkeit Kilometer von mir entfernt ist.

Derjenige, der mich mein *Für-Andere-Sein* erfahren lässt, taucht raum- und zeitlos bei mir auf. Sartre spricht hier auch von der *brennenden Anwesenheit des Andern*.

„Was zweifelhaft ist, ist also nicht der Andere selbst, sondern das *Da-sein* des Andern [...]" (Sartre, 1998, S.498).

Einwendend könnte man behaupten, dass *der Andere* Objekt meiner Vorstellungen sei, insofern er darin anwesend sei.

Ein fremdes Subjekt, durch das ich zum Objekt werde, ist jedoch kein Gegenstand meiner Welt. In diesem Fall wäre es kein Subjekt mehr, sondern ein reales bzw. ideales Objekt innerhalb meiner Gedanken. Wenn ich erblickt werde, befindet sich *der Andere* im Gegenteil jenseits meiner Welt. Er ist ein distanzloses Subjekt, immer anwesend und doch unerreichbar.

„Zunächst einmal ist der Blick des Andern als notwendige Bedingung meiner Objektivität Zerstörung jeder Objektivität für mich. [...] durch den Blick des Andern mache ich die konkrete Erfahrung, dass es ein Jenseits der Welt gibt. Der Andere ist ohne irgendein Mittelglied bei mir anwesend als eine Transzendenz, *die nicht die meine ist*" (Sartre, 1998, S.485f.).

Durch den Blick entfremdet *der Andere* mich von meiner Welt, aber ich bin von ihm abhängig, insofern ich als Person durch ihn bestimmt werde. Ohne die Anwesenheit eines anderen Menschen kann ich mich selbst nicht definieren, da ich gleichsam in meiner Situation versunken bin und mich selbst nicht wahrnehme. Das *Für-sich* und das *Für-Andere-Sein* sind eng miteinander verzahnt.

Das Schamgefühl

Der Andere ist also eine notwendige Bedingung meiner Identität. Ich bin in dieser Hinsicht von anderen Menschen abhängig, da ich *für-mich* selbst nur dann existiere, wenn ich *für-andere* bin. Dennoch bin ich ein Objekt in einer fremden Welt, die mir verschlossen ist und zu der ich keinen Zugang habe.

> „[...] erblickt werden heißt, sich als unerkanntes Objekt von unerkennbaren Beurteilungen, insbesondere von Wert-Beurteilungen, erfassen. [...] So konstituiert mich das Gesehenwerden als ein wehrloses Sein für eine Freiheit, die nicht meine Freiheit ist" (Sartre, 1998, S.481f.).

Ich bin in meiner Freiheit eingeschränkt, da ich durch *den Andern* bestimmt bin. Ich bin ein Gefangener seiner Bewertungen. Durch den Blick reißt er meine Welt, in deren Zentrum ich zuvor stand, mit sich fort. Ich kann, mit Sartres Worten gesprochen, meine *Situationen* nicht mehr steuern.

> „Mit dem Blick des Andern entgeht mir die ‚Situation' [...]: ich bin nicht mehr Herr der Situation" (Sartre, 1998, S.478).

Das Bewusstsein, wahrhaftig ein Objekt zu sein, löst in mir das Schamgefühl aus.

Üblicherweise verbindet man den Ausdruck Scham mit einer speziellen moralischen Empfindung. Werde ich z. B. darauf aufmerksam gemacht, dass ich moralisch verwerflich gehandelt habe, schäme ich mich. Überrascht man mich im Zustand der Nacktheit, bin ich peinlich berührt. Nacktheit ist nach Sartres Überzeugung das Symbol der ursprünglichen Scham. Der entblößte Körper steht hier als Sinnbild unserer Objektheit.

Jean-Paul Sartre beschränkt das Schamgefühl dagegen nicht auf spezielle Handlungen. Scham ist vielmehr Anerkennung der Tatsache, dass man mich überhaupt sehen kann. Sie erscheint immer dann, wenn ich einem Menschen begegne, der mich erblickt. Das *Für-sich* und das *Für-Andere-Sein* erscheinen stets im Komplex mit dem Schamgefühl. „Ich schäme mich über *mich* vor *Anderen*" (Sartre, 1998, S.518). Wenn *der Andere* beispielsweise nicht anwesend ist, kann ich meiner selbst nicht bewusst werden und auch keine Scham empfinden. So entspringt das Schamgefühl nicht meinen Gedanken oder Reflexionen über mich, sondern ich kann über mich selbst nur ein Urteil fällen, insofern ich anderen Menschen als Objekt erscheine.

Das Schamgefühl sei noch einmal näher am bereits beschriebenen Beispiel des neugierigen Lauschers erläutert.

Der Andere erblickt mich in jener Situation und sagt: Du bist ein Voyeur!

In diesem Moment legt er mich in meiner Identität fest. Er will mich sozusagen festnageln, zum *An-sich* machen. Es liegt in der Natur des Menschen, alles, was ihn umgibt, in Kategorien einzuteilen und zu versachlichen. So werden z. B. mathematische Formeln entwickelt, um Vorgänge in der Natur beschreiben zu können. Eine bestimmte Erfahrung wird hier auf einen abstrakten Begriff reduziert, quasi zu einem konkreten Gegenstand, zu einem *An-sich* gemacht.

Wenn ich von einem Menschen nun erblickt und zu einem *An-sich* seiner Welt gemacht werde, erkenne ich mich selbst, aber zugleich merke ich, dass ich es doch nicht bin. Ich erkenne das Urteil *des Andern* an und parallel dazu sage ich: Nein! Ich *bin* zwar das Bewusstsein dessen, was ich sage und fühle, aber ich gelange nie zu einer Ich-Identität. Ich werde im Blick *des Andern* geschaffen, trotzdem falsch geschaffen, weil ich nur *bin*, insofern ich *für-andere* bin. Schamgefühl ist folglich Ausdruck eines Protestes gegen ein Etikett und gleichzeitig dessen Zustimmung. Der Mensch ist immer das, was er nicht ist, und ist nicht, was er ist.

Diese Unbestimmbarkeit eines Ichs bzw. einer Ich-Identität zeigt sich auch im Verhältnis des Menschen zu seiner Geschichte. Mein gegenwärtiges Wesen ist nicht festzulegen. Da Zeit und Geschichte kontinuierlich voranschreiten, *bin* ich, sobald ich glaube, meine Identität gefunden zu haben, schon nicht mehr. Die Definition meines Wesens ist bereits veraltet, vergangen. In die Zukunft hinein kann ich mich jedoch auch nicht bestimmen, da ich hier nur zu unsicheren Vermutungen gelangen könnte. Deshalb bin ich gezwungen, mein Selbst laufend neu zu bestimmen.

Dieser Prozess lässt sich ebenso angesichts des Schamgefühls erkennen. Indem *der Andere* mir seine Qualitäten verleiht, sage ich Ja und Nein. Unter seinen Blicken schäme ich mich permanent. Dieser Vorgang geschieht fortwährend.

Neben der Scham lassen sich weitere subjektive Reaktionen auf den Blick *des Andern* feststellen. Wenn ich in meiner Freiheit eingeschränkt bin, indem ich mich den Qualifizierungen und Determinierungen anderer ausliefere, dann bin ich, wie Sartre es bezeichnet, in *Knechtschaft*. Knechtschaft ist das Gefühl der Entfremdung aller meiner Möglichkeiten aufgrund einer fremden Freiheit. Ebenso empfinde ich *Furcht*, wenn ich *den Andern* als Subjekt anerkenne, denn ich fühle mich in Gefahr angesichts seiner Freiheit, mir Bestimmungen auferlegen zu können. Scham ist in derselben Weise das Gefühl, das zu sein, was ich bin, von mir abgeschieden in der Welt einer fremden Person.

„So lässt mich im Blick der Tod meiner Möglichkeiten die Freiheit des Andern erfahren, [...] und ich bin Ich, für mich selbst unerreichbar und dennoch ich selbst, in die Freiheit des Andern geworfen und in ihr verlassen" (Sartre, 1998, S.487).

Ich erkenne also die Beurteilungen *des Andern* an und dennoch löse ich mich von ihnen. Ich bin nicht dieses *An-sich*, zu dem er mich machen will.

Die menschliche Existenz geht über das bloße Vorhandensein der Dinge in der Welt hinaus. Der Mensch besitzt als einziger die Fähigkeit, Bewusstsein von sich zu haben. Dieses Sich-Bewusstsein unterscheidet sich jedoch von seiner bloßen körperlichen Existenz. Innerhalb meines Ichs bricht daher eine Kluft auf, da das *Für-sich* nicht wie das *An-sich* mit sich selbst identisch ist. Das Nichts tritt in das Sein. „[...] es [mein Sein] ist von mir durch ein unüberwindbares Nichts getrenntes Ich [...]" (Sartre, 1998, S.493). Ich bin nicht *An-sich*, denn ich bin mehr als nur gegenständlich, und nicht *Für-sich*, denn ich bin nur, insofern ich *für-andere* bin. Ich bin mein eigenes Nichts.

Durch den Blick erlange ich Bewusstsein von mir, aber ich will auch nicht nur Bestandteil eines anderen Menschen sein. Ich reiße mich quasi von diesen Bestimmungen los und versuche, mein „wahres" Ich zu finden.

> „Denn ich *bin* mein Losreißen von mir selbst, ich *bin* mein eigenes Nichts; es genügt, dass ich zwischen mir und mir mein eigener Vermittler bin, damit jede Objektivität verschwindet" (Sartre, 1998, S.492).

Im Schamgefühl äußert sich, dass ich Objekt für eine fremde Person bin. Doch ich stelle fest, dass ich weder dieser Gegenstand bin, zu dem sie mich reduzieren will, noch dass ich *der Andere* bin.

> „Wenn es einen Andern überhaupt gibt, so muß ich vor allem derjenige sein, der nicht der Andere ist, und eben dieser durch mich an mir vollzogenen Negation mache ich mich sein und taucht der Andere als Anderer auf" (Sartre, 1998, S.507).

Durch die Negation *des Andern* als *Nicht-Ich* erhält mein Ich seine Konstitution: „das Für-sich ist das, was der Andere nicht ist" (Sartre, 1998, S.508). Ich bin das, was *der Andere* als nicht ihm gehörig zurückweist.

Objektivierung des Andern

Das Schamgefühl kann mich dazu veranlassen, mit *dem Andern* genau das zu machen, was er mit mir getan hat: ihn zum Objekt werden lassen.

„In der Tat kann die Anwesenheit des Andern jenseits meiner nicht enthüllten Grenze als Motivation dienen für mein Wiedererfassen meiner selbst als freie Selbstheit" (Sartre, 1998, S.513).

Im Erfassen der Negation taucht das Bewusstsein von mir als *Ich-selbst* auf. Indem ich mich *vom Andern* losreiße, erobere ich mein *Für-mich* und meine Subjektivität zurück. Ich erfahre meine Spontaneität und meine freien Möglichkeiten. Der Prozess des Erblicktwerdens kehrt sich um.

„Die Reaktion auf die Scham besteht genau darin, denjenigen als Objekt zu erfassen, der *meine* eigne Objektheit erfasste. [...] Und dadurch *gewinne ich mich wieder*: denn ich kann nicht *Objekt für ein Objekt* sein" (Sartre, 1998, S.517).

Jean-Paul Sartres Überlegungen sind deshalb auch nicht mit der Vorstellung eines Gottes als eines allgegenwärtigen und unendlichen Subjekts vereinbar.

„[...] die Setzung Gottes ist von einer Verdinglichung meiner Objektheit begleitet; [...] ich setze mein Für-Gott-Objekt-sein als realer als mein Für-Sich" (Sartre, 1998, S.518)

Da Gott als absolutes Subjekt angesehen wird, das nie Objekt werden kann, denn ansonsten wäre es nicht mehr Gott, „setze ich dadurch die Ewigkeit meines Objekt-seins und perpetuiere meine Scham" (Sartre, 1998, S.518). Diese theistische Sichtweise ist nach Sartres Meinung zum Scheitern verurteilt. Die Verehrung eines Gottes als eines immerwährenden Subjekts hindert mich an der Entwicklung meiner Identität.

Wenn ich erblickt werde, strukturiert sich mein Universum angesichts meines Gegenübers um. Ich verliere meine Welt, gelange jedoch zu einem Bewusstsein von mir, von dem ich zuvor nichts ahnte. Und dennoch entgleitet mir mein Wesen, denn ich bin, was ich nicht bin, und bin nicht, was ich bin. *Der Andere* will mich zu einem *An-sich* machen. Dagegen wehre ich mich und doch erkenne ich es an. Ich schäme mich. Ich reiße mich von *dem Andern* los und entwickle mein Ich. Infolgedessen bin ich motiviert, *den Andern* zum Objekt zu machen, indem ich ihn erblicke. Jetzt ist er wieder ein Gegenstand, ein weiteres *An-sich* meiner Welt. Ich erfasse ihn in seinen *Situationen* und beschreibe ihn in seinem Handeln. Seine ursprüngliche Subjektivität kann jetzt nur noch als eine besondere Eigenschaft von ihm als Objekt angesehen werden, die Disposition nämlich, sich jeder Zeit, durch einen einzigen Blick zum Subjekt machen zu können.

„So ist der Objekt-Andere ein explosives Instrument, das ich mit Furcht handhabe, weil ich um es herum die permanente Möglichkeit spüre, dass *man* es explodieren lässt und dass ich mit diesem Explodieren plötzlich die Flucht der Welt aus mir heraus und die Entfremdung meines Seins erfahre" (Sartre, 1998, S.529).

Ich lebe daher in fortwährender Sorge, *den Andern* als Objekt zu fixieren. Jeder Blick bedeutet Wiederholung des Kreislaufs. Nur der Tod setzt jenem ein Ende. Wenn ich sterbe, verliere ich jede Aussicht darauf, *dem Andern* gegenüber zum Subjekt zu werden.

Das Verhältnis des Ich *zum Andern* ist ein ständiges Ringen um Zentralität, ein Duell darum, Subjekt werden zu können.

Literatur

Primärliteratur

Sartre, Jean-Paul: Das Sein und das Nichts: Versuch einer phänomenologischen Ontologie, Hamburg: Rowohlt Taschenbuch Verlag, 1998.

Sekundärliteratur

Danto, Arthur C.: Jean-Paul Sartre. Göttingen: Steidl, 1986.

Helferich, Christoph: Geschichte der Philosophie: Von den Anfängen bis zur Gegenwart und Östliches Denken, 2. Aufl., München, Deutscher Taschenbuch Verlag, 1999, S. 405f.

Lutz, Bernd (Hrsg.): Metzler-Philosophen-Lexikon. Von den Vorsokratikern bis zu den Neuen Philosophen, 2., aktualisierte u. erw. Aufl., Stuttgart, Weimar: Metzler, 1995, S.774-781.

Einzelpublikationen

Sara Stöcklin (2005): "Zur Freiheit verurteilt" - Eine Untersuchung von Sartres Freiheitsbegriff

978-3-638-79268-4

Martin Feyen (2003): Sartre und das Nichts

978-3-638-82569-6

Agnes Uken (2001): Die existentialistische Begründung der Freiheit in Jean-Paul Sartres Werk "Das Sein und das Nichts". Existentialismus und Freiheit

978-3-638-84526-7

Kevin Liggieri (2009): Zur Freiheit verdammt - Sartres Konzeption der Freiheit und der Vergleich zur modernen Hirnforschung

978-3-640-28588-4

Nina Strehle (2002): Der Blick und das Schamgefühl in Jean-Paul Sartres Werk "Das Sein und das Nichts"

978-3-656-20546-3